Susanne Raht

Das GLYX-Kochbuch

Susanne Raht

Das GLYX-Kochbuch

Mit einem Vorwort von
Prof. Dr. Michael Hamm

- Die 200 besten GLYX-Rezepte
- Mit dem 4-Wochen-Diätplan

www.knaur.de

Inhalt

Schlank, gesund und fit – GLYX-Sache
(Vorwort Prof. Michael Hamm) 6

Lernen Sie die Welt des GLYX kennen 8

**GLYX – die neue Methode, sich gesund zu ernähren und
dauerhaft abzunehmen** 9
Warum Kohlenhydrate nicht gleich Kohlenhydrate sind 9
Die gesündere Wahl – dank GLYX 9
Ganz easy – so werden auch Sie zum »GLYX-Kind« 10

**Für alle, die es ganz genau wissen möchten:
Was ist der GLYX und warum ist er so wichtig?** 10
Wozu ein zu hoher GLYX führt 11
Die Insulinfabrik läuft auf Hochtouren 11
So wird der GLYX wissenschaftlich ermittelt 12
Zur schnellen Orientierung: Die 3 GLYX-Kategorien 12
GLYX-orientierte Ernährung – das sind Ihre Vorteile 13
Für wen ist eine Ernährung nach dem GLYX noch geeignet? 14
So funktioniert die moderne Ernährung nach dem GLYX 14
Lenken Sie Ihre Ernährung auf die GLYX-Bahn 15
Jetzt wird's praktisch – der GLYX in Ihrer Küche 15
Kleine Tricks für Ihr neues GLYX-orientiertes Leben 16
GLYX-lich außer Haus und im Restaurant 17
Sind Sie bereit für den GLYX? 17

Die 4-Wochen-GLYX-Diät 18

Inhalt

Rezepte 24

Frühstücksideen für Morgenmuffel & Frühstarter 24

Snacks & Fingerfood für zwischendurch 30

Drinks – die schnellen Energiespender 36

Salate – die gesunden Sattmacher 42

Vorspeisen – mal raffiniert, mal herzhaft 54

Suppen – frischer Geschmack zum Auslöffeln 60

Fisch – leicht, edel & unkompliziert 78

Fleisch & Geflügel – von zart bis deftig 90

Blitzschnelle Pasta-Rezepte & die besten Saucen 108

Vegetarisches für Feinschmecker 120

Feine Desserts und kleine Naschereien 140

Die GLYX-Tabelle nach Lebensmittelgruppen 152

Literaturnachweis 156
Sachregister 156
Rezeptregister nach Rubriken 157
Impressum 160

Schlank, gesund und fit – GLYX-Sache

Diätwellen kommen und gehen und mit ihnen auch die eine oder andere Trend-Ernährung. Die noch vor Jahren als Dickmacher abgestempelten Kohlenhydrate wurden bislang meist pauschal als Schlank- und Fitmacher freigegeben. Doch diese Kohlenhydratliberalisierung hat längst nicht allen Übergewichtigen eine schlanke Linie beschert. Schon wird der Ruf laut, statt kohlenhydratliberal kohlenhydratbewusst zu essen und die kohlenhydratreichen Lebensmittel nach ihrer Blutzuckerwirksamkeit und Insulinantwort auszuwählen. Der Maßstab dafür ist der glykämische Index – populär kurz GLYX genannt.

GLYX-Diäten sind zurzeit die Favoriten unter den Abnehmprogrammen. Doch darf man hierbei nicht dem Trugschluss erliegen, statt wie bei anderen Diätformen z.B. nur die Fettaugen im Essen zählen zu müssen, jetzt die Lebensmittel nur noch durch die grün-gelbrote GLYX-Brille zu betrachten. Auch bei der sehr gesunden und ausgewogenen Ernährung nach dem GLYX-Index kommt es nach wie vor auf eine ganzheitliche und bewusste Zusammenstellung der Mahlzeiten und vor allem das richtige Maß beim Essen an.

Der neue Begriff der glykämischen Belastung berücksichtigt deshalb neben dem jeweiligen GLYX-Wert eines jeden Lebensmittels auch die jeweilige Kohlenhydratmenge einer Verzehrsportion. Der Blutzucker steigt umso steiler an, je höher sowohl der GLYX als auch der Kohlenhydratgehalt sind.

Die Rezepte im vorliegenden Buch behalten beides im Auge und bieten Ihnen somit einen sicheren und erfolgreichen Weg, um langfristig gesund abzunehmen und dauerhaft schlank zu bleiben.

Die GLYX-Rezepte helfen Ihnen dabei, den beiden größten Diätfallen zu entgehen: Durch die günstige Beeinflussung des Blutzuckerspiegels wird dem gefürchteten Heißhunger vorgebeugt und hohe Insulinwerte, die dem Fettabbau entgegenstehen, werden vermieden.

Es ist eine simple und einleuchtende Tatsache: »Abnehmen kann nur, wer satt ist.« Dazu tragen volumenreiche Lebensmittel mit geringer Energiedichte und niedrigem glykämischen Index am besten bei. Gerade Übergewichtige bevorzugen hingegen oft eine energiedichte Nahrung zur Befriedigung ihres Hungers. Es ist jedoch fatal, dass gerade die Lebensmittel am schlechtesten sättigen, die pro Gramm am meisten Kalorien und damit eine hohe Energiedichte aufweisen.

Eine Ernährungsumstellung in Richtung niedriger glykämischer Belastung verbessert demnach gleichzeitig die infolge kalorischer Überernährung mit konzentrierter Energie aus Stärke, Fett und Zucker verloren gegangene Insulinempfindlichkeit des Körpers. Deshalb macht die Orientierung am GLYX Sie nicht nur schlank, sondern steigert gleichzeitig Ihre Leistungsfähigkeit und Ihr Wohlbefinden. Und das große Plus: Die GLYX-Diät ist keine kurzfristige Blitz-Diät mit Jo-Jo-Effekt,

sondern eine gezielte und auf lange Sicht ausgerichtete Ernährungsumstellung, der Sie mit Geschmack und Freude am Essen ein Leben lang treu bleiben können!
Ernährungswissenschaftlich gesicherte Erkenntnisse über eine Ernährung nach dem GLYX-Prinzip sind:

- Senkung des Insulinspiegels
- Verringerung des Hungergefühls
- Unterstützung der Gewichtsabnahme
- Minderung des Risikos eines Typ-2-Diabetes
- Verringerung der Gefahr einer koronaren Herzerkrankung
- Steigerung der körperlichen und geistigen Fitness

Oft genügt ein einfacher Austausch einzelner Lebensmittel in Ihrem Speiseplan, um die GLYX-Lage zu verbessern. Dazu gehört durchaus im Sinne der »Fünf am Tag«-Kampagne, deutlich mehr Gemüse und Obst zu genießen sowie sich mehr an den schmackhaften und gesundheitsfördernden Essgewohnheiten unserer Nachbarn im Mittelmeerraum zu orientieren.

Die reiche Rezeptauswahl bietet Ihnen Anregung genug dafür und stellt weit mehr dar als nur eine zeitlich begrenzte Schlankheitsdiät. Wer im Alltag grundsätzlich GLYX-orientiert isst, verbessert automatisch die Qualität seiner Ernährung und den körpereigenen Gesundheitsschutz sowie seinen Fitnesslevel.

In diesem Sinne wünsche ich Ihnen, dass Ihre Ernährungsumstellung mit dem GLYX glückt.

Prof. Dr. Michael Hamm
Ernährungswissenschaftler,
Hamburg

Lernen Sie die Welt des GLYX kennen

GLYX – die neue Methode, sich gesund zu ernähren und dauerhaft abzunehmen

Ob Sie sich fit, gesund und aktiv fühlen, hängt neben dem richtigen Maß an Bewegung natürlich auch davon ab, was Sie essen, wie viel Sie essen und vor allem – und das mag manchen von Ihnen wirklich neu sein – welche Lebensmittel Sie dabei miteinander *kombinieren*. Längst ist bekannt, dass außer zu viel Fett in der Ernährung auch die Kohlenhydrate einen entscheidenden Einfluss auf unsere Figur, unser Wohlbefinden und auch auf unsere Fitness haben.

Warum Kohlenhydrate nicht gleich Kohlenhydrate sind

Wissenschaftlich ebenfalls längst erwiesen, vielen von Ihnen dennoch sicherlich eine Neuigkeit ist die Tatsache, dass es Unterschiede bei den Kohlenhydraten gibt. Denn einige dieser Nahrungsbestandteile können tatsächlich unseren Insulinhaushalt, und damit unter anderem auch unser Gefühl satt zu sein, besonders positiv beeinflussen. Wer dies beachtet und die Zusammenstellung seiner Ernährung danach ausrichtet, kann auf einfache, unkomplizierte und genussreiche Art viel für seine Gesundheit tun.

Die gesündere Wahl – dank GLYX

Das neue Maß für die Auswahl der richtigen Kohlenhydrate heißt also glykämischer Index, kurz GLYX. Dieser wissenschaftliche Index beschreibt den Blutzuckeranstieg nach dem Essen, die darauf folgende Insulinausschüttung und somit die Sättigungswirkung des Essens.

Das Hormon Insulin transportiert den Zucker (Kohlenhydrate) aus dem Blut direkt in die Zellen, damit dort daraus Energie gewonnen werden kann. Ohne Insulin gäbe es also keine Energie für den menschlichen Organismus. Je höher jedoch der GLYX eines Lebensmittels ist (wie der GLYX berechnet wird, lesen Sie auf Seite 12), desto stärker steigt der Blutzucker an – und desto mehr Insulin wird benötigt. Die fatale Folge: Je mehr Insulin im Blut ist, desto mehr wird der Fettabbau zum Zwecke der Energiegewinnung in den Zellen blockiert. Deshalb verlangt der Körper dann in wesentlich kürzeren Abständen nach neuen schnell zu verarbeitenden Energiequellen und meldet dem Gehirn: Hunger!

Dagegen lockt ein Lebensmittel, wie z.B. grobkörniges Vollkornbrot, nur langsam und in viel geringerem Maße Insulin an, macht dafür aber lang anhaltend satt, die Energiegewinnung auch durch Fettabbau geht weiter und die Fettspeicherung in den Zellen endet nicht zwangsläufig in einer Sackgasse.

Klingt Ihnen das zu kompliziert? Keine Sorge, das ist es gar nicht! Denn für Sie funktioniert es ganz einfach, sich »richtig« nach

> **Kohlenhydrate haben einen besonders wichtigen Stellenwert in unserer Ernährung. Richtig ausgewählt machen sie satt, glücklich, gesund und schlank!**

Lernen Sie die Welt des GLYX kennen

dem GLYX zu ernähren. Es gibt keine Verbote, sondern nur Geschmack und Genuss durch die richtige Auswahl und Kombination von Lebensmitteln mit niedrigem glykämischen Index (siehe auch die Tabelle ab Seite 152). Wie so oft im Leben gilt auch für GLYX-Menschen: Auf die richtige Mischung kommt es an! Und diese Mischung können auch Sie spielend einfach erlernen!

Ganz easy – so werden auch Sie zum »GLYX-Kind«

Damit Sie gleich mit dieser neuen gesunden und genussreichen Ernährungsform starten können, finden Sie in diesem Buch über 200 Rezepte für jeden Tag und jeden Geschmack. Ab Seite 24 beginnt der Rezeptteil, dessen Gerichte alle nach dem GLYX-Prinzip zusammengestellt und jeweils für 4 Personen berechnet sind. Motivieren Sie doch gleich Ihre Familie dazu, sich Ihnen anzuschließen! Und damit Sie sich schnell zurechtfinden, haben wir die Rezepte nach Rubriken unterteilt. So finden Sie schnell, wonach Sie suchen und haben bestimmt schon in kurzer Zeit viele neue Lieblings-Rezepte entdeckt! Ob Frühstück, Drink, Snacks & Fingerfood, Salat, Suppe, Fisch-, Fleisch- oder vegetarisches Gericht oder aber süße Nachspeise – bei allen Gerichten können Sie sicher sein, dass neben dem Geschmack auch der GLYX der Zutaten für Sie optimal ausgewählt wurde. Und für alle, die zudem sofort aktiv etwas für ihre Figur tun möchten oder müssen, haben wir auch einen 4-wöchigen Diätplan zusammengestellt, bei dem neben den Fettkalorien vor allem auch der GLYX eines jeden Lebensmittels berücksichtigt wird.

So erzielen Sie gleich einen vielfachen Abnehm-Effekt: Sie nehmen nur wenig Kalorien zu sich und erreichen dank der niedrigen GLYX-Werte einen konstant niedrigen Blutzuckerspiegel (die Fettverbrennung läuft ungehindert weiter) und ein hohes Sättigungsgefühl – und sind dadurch gegen die gefürchteten Heißhungerattacken gefeit! Den übersichtlichen 4-Wochen-Plan zum einfachen Nachkochen finden Sie ab Seite 18. Wir wünschen Ihnen hierbei viel Spaß und Erfolg!

> Eine Kombination aus fettreduzierter Ernährung und der gezielten Auswahl von Kohlenhydraten nach dem GLYX-Prinzip lässt überflüssige Pfunde spielend purzeln.

Für alle, die es ganz genau wissen möchten: Was ist der GLYX und warum ist er so wichtig?

Die Bewertung von Kohlenhydraten nach ihrem glykämischen Index, dem GLYX, wurde an der Universität Toronto von dem renommierten Ernährungswissenschaftler Professor Dr. David Jenkins ursprünglich für Diabetiker entwickelt. Die Werte beschreiben die den Blutzucker erhöhende Wirkung nach dem Verzehr verschiedener Lebensmittel. Je nachdem in welcher Kombination, Art und Menge die Kohlenhydrate und andere Nah-

rungsbestandteile (z.B. Fett, Eiweiß oder Ballaststoffe) darin vorkommen, fallen ihre Wirkung auf den Blutzucker, die Insulinausschüttung im Körper und damit auch ihr glykämischer Index unterschiedlich aus.
Und da wir in der Regel bei jeder Mahlzeit unterschiedliche Zutaten miteinander kombinieren, ist die Stoffwechselreaktion des Körpers auf Kohlenhydrate logischerweise stets unterschiedlich.

Wozu ein zu hoher GLYX führt

Es gibt aber einige wissenschaftlich bestätigte Fakten: Kohlenhydrate (Zucker) werden langsamer verstoffwechselt, wenn Sie zusammen mit bestimmten Ballaststoffen (z.B. aus Vollkornprodukten, Hülsenfrüchten, Getreide, Obst und Gemüse) gegessen werden. Auch in Kombination mit Proteinen (z.B. aus Milchprodukten, Fleisch und Fisch) und mäßig Fett benötigt der Körper eine längere Zeit, bis die Kohlenhydrate verdaut werden – man fühlt sich länger satt.
Um überhaupt aussagekräftige Werte zu erhalten, haben Wissenschaftler eine vereinfachte Einteilung der Lebensmittel in vier bzw. drei Kategorien vorgenommen. Man unterscheidet Lebensmittel ohne glykämischen Index, mit einem niedrigen Wert (unter 51), einem mittleren Wert (zwischen 51 und 70) und einem hohen GLYX (ab 71).
Ernähren Sie sich überwiegend von Lebensmitteln, die einen hohen GLYX haben, überfluten Sie damit ständig Ihren Körper mit Zucker. Folge: Die Zellen können irgendwann diese Massen gar nicht mehr verbrennen, der Zucker wird in Form von Fett in die Depots eingebaut. Sie schützen sich, indem Sie die für Insulin und Zucker durchlässigen Stellen, die so genannten Rezeptoren, verschließen.

Die Insulinfabrik läuft auf Hochtouren

Das heißt, der Zucker bleibt im Blut. Da er dort aber nicht bleiben kann – er würde sonst Gefäße und Nerven zerstören – produziert der Körper erst einmal noch mehr Insulin, denn schließlich soll der Zucker ja abgebaut werden. Es wird also ständig viel zu viel Insulin produziert.
Je höher der Insulinspiegel schließlich ansteigt, umso mehr verringert sich die Anzahl der aktiven Rezeptorenstellen der Zellen und desto weniger kann Zucker aus dem Blut in die Zellen transportiert und dort verarbeitet werden – ein verhängnisvoller Kreislauf. Denn mit einem auf Dauer erhöhten Insulinspiegel – man spricht von Hyperinsulinismus – sind langfristig die beschriebene verminderte Insulinwirksamkeit (= Insulinresistenz), Übergewicht – denn Insulin wirkt dem Fettabbau entgegen – sowie verschiedene Stoffwechselstörungen (z.B. Diabetes Typ 2) verbunden. Vor diesen fatalen Folgen kann man sich gezielt mit der Ernährung nach dem GLYX, kombiniert mit regelmäßiger körperlicher Aktivität (auch diese hat entscheidenden Einfluss auf die Insulinwirkung! Siehe hierzu auch: »Fit, gesund und schlank mit dem GLYX« von Prof. Dr. Michael Hamm), schützen.

> Der glykämische Index GLYX ist ein Indikator für die Insulinausschüttung im menschlichen Körper nach dem Verzehr verschiedener Lebensmittel.

> Die Ernährung nach dem GLYX eignet sich aus ernährungswissenschaftlicher Sicht hervorragend zur optimalen Vorbeugung gegen zahlreiche Zivilisationskrankheiten wie Übergewicht, Herz-Kreislauf-Erkrankungen oder Diabetes.

Lernen Sie die Welt des GLYX kennen

So wird der GLYX wissenschaftlich ermittelt

Genau genommen müsste der GLYX für jeden Menschen individuell berechnet werden, da jeder Organismus und damit jeder Stoffwechsel anders reagieren. Auch jedes Lebensmittel kann je nachdem, ob es alleine oder im Mahlzeitenverbund verzehrt wird, unterschiedliche Werte aufweisen. Um Vergleichswerte zu erhalten, testen Ernährungswissenschaftler den Blutzuckeranstieg wie auch den -abfall, den pure Glukose (Zucker) in Gang setzt. Traubenzucker erhält hierbei den GLYX 100. Die Forscher messen nun für jedes Lebensmittel bei mehreren Personen den Blutzuckeranstieg, den einzelne Lebensmittel auslösen – und berechnen deren GLYX im Verhältnis zum Wert des Traubenzuckers. Lebensmittel mit einem Wert unter 51 (dazu zählen z.B. die meisten Gemüsesorten) werden als niedriger GLYX eingeordnet. Lebensmittel, die einen Wert zwischen 51 und 70 aufweisen (z.B. viele Kartoffelprodukte, Reis, Honig), haben einen mittleren GLYX. Übrig bleiben die Lebensmittel mit einem Wert über 71 (z.B. Weißmehlprodukte, Cornflakes, Croissants, Softdrinks), bei ihnen spricht man von einem hohen GLYX.

Zur schnellen Orientierung: Die 3 GLYX-Kategorien

Mit Hilfe dieser Werte für die einzelnen Produkte (siehe auch die GLYX-Tabelle ab Seite 152) kann auch ein Laie schnell sehen, ob sich ein Lebensmittel positiv oder negativ auf seinen Insulinhaushalt und damit auf sein Sättigungsgefühl und den Fettabbau auswirkt. Denn je höher der GLYX, desto steiler und höher steigt der Blutzuckerspiegel nach Verzehr des Lebensmittels an. Dennoch gibt es, auch für Fachleute, einige Überraschungen: So zeigt sich, dass Haushaltszucker keinen stärkeren Kick auf den Blutzuckerspiegel ausübt als gekochte Kartoffeln. Dagegen fällt der Blutzuckeranstieg nach dem Verzehr von Äpfeln niedriger aus als nach dem Genuss von Brot. Und auch grobkörniges Vollkornbrot schneidet günstiger ab als helles Weizenbrot. Was genau den GLYX bestimmt, ist noch nicht abschließend geklärt, als gesichert gelten aber folgende Erkenntnisse:

- Glukose aus ballaststoffreichen Lebensmitteln wird langsamer aufgeschlossen und aufgenommen.
- Stark zerkleinerte, gemahlene oder industriell verarbeitete Lebensmittel haben in der Regel einen höheren GLYX, da die so behandelten enthaltenen Stärken die Blutzuckerkurve schneller beeinflussen.
- Sind die Kohlenhydrate eines Lebensmittels durch Kochen oder Erhitzen behandelt worden, führt es zu einem stärkeren Blutzuckeranstieg als bei dem Verzehr in roher Form (z.B. als Frischkorn).
- Bestimmte Stärkearten, wie z.B. das Amylopektin im handelsüblichen weißen Reis, lassen den Blutzucker stärker ansteigen als z.B. Amylose – eine Stärkeart, die unter anderem in Basmatireis enthalten ist.

Es sind also viele Faktoren, die den GLYX eines Lebensmittels beeinflussen. Um keine

---

Schnell, verständlich und übersichtlich: In diesem Ratgeber werden die Lebensmittel nach dem Ampelprinzip in drei GLYX-Kategorien eingeteilt: dabei signalisiert grün »Sehr gut«, gelb bedeutet »Achtung!« und rot heißt »Finger weg!«

Scheingenauigkeit vorzutäuschen, verzichtet dieses Buch bei den GLYX-Werten deshalb bewusst auf exakte Zahlenangaben für einzelne Lebensmittel. Statt konkreter Werte finden Sie in unseren GLYX-Tabellen die drei zuvor genannten Kategorien: niedriger GLYX (grün unterlegt), mittlerer GLYX (gelb unterlegt) und hoher GLYX (rot unterlegt). Selbstverständlich wurden für die Berechnung wissenschaftlich ermittelte Daten aus der Fachliteratur zu Grunde gelegt.

GLYX-orientierte Ernährung – das sind Ihre Vorteile

Leiden Sie öfter unter Heißhungerattacken? Fühlen Sie sich schlapp und ohne Energie? Fehlt Ihnen bei Stress das nötige Durchhaltevermögen? Haben Sie Probleme mit Ihrem Gewicht oder erhöhte Blutzucker-, Blutfett- oder Blutdruckwerte? Dann sollten Sie sich ganz besonders aufmerksam der GLYX-orientierten Ernährung widmen. Denn wissenschaftliche Untersuchungen haben belegt, dass diese vorbeugend wirkt bzw. Ihnen helfen kann, die typischen Stoffwechselerkrankungen unserer modernen Zeit in den Griff zu bekommen.

Ein ständig erhöhter Insulinspiegel, wie ihn eine fett- und zuckerüberfrachtete Ernährung in den Industrieländern langfristig provoziert, kann zu einer verminderten Insulinwirksamkeit führen. Mögliche drastische Folgen sind dabei Übergewicht oder Stoffwechselstörungen, wie beispielsweise Diabetes. Bei einer Ernährung mit niedrigem GLYX verläuft die

Blutzucker-Antwort gemäßigter, das bedeutet, Anstieg und Abfall des Blutzuckers halten sich in Grenzen, allzu starke Schwankungen im Blutzuckerverlauf lassen sich vermeiden. Ihre persönlichen Vorteile dabei sind ein gleichmäßigerer Stoffwechsel und eine konstante Energieversorgung des Körpers, zudem werden Leistungsabfall und Heißhungeranfälle vermieden. Einer möglichen Insulinresistenz durch ständig erhöhte Blutzuckerwerte wird so vorgebeugt.

Lernen Sie die Welt des GLYX kennen

Die Ernährung nach dem GLYX ist für jeden geeignet. Übergewichtige, die abnehmen möchten, aber auch Ausdauersportler profitieren ganz besonders von einer GLYX-orientierten Ernährung. Wenn Sie unter starkem Übergewicht leiden, besprechen Sie vorher eine Ernährungsumstellung mit Ihrem Arzt.

Für wen ist eine Ernährung nach dem GLYX noch geeignet?

Heute wird die Orientierung der Lebensmittelauswahl nach dem GLYX als vernünftige Ernährungsform für jedermann propagiert. Die Ernährung nach dem GLYX in der von Prof. Dr. Michael Hamm überarbeiteten Form bietet Ihnen noch ein weiteres Plus: Die Qualität der Ernährung wird optimiert, denn wer Kohlenhydrate bewusst nach deren GLYX auswählt, erhält in den meisten Fällen eine zusätzliche gesunde Portion an Ballaststoffen, Vitaminen, bioaktiven Substanzen aus Pflanzen sowie Mineralien und Spurenelementen.

Eine Verbesserung, die Sie spüren werden: Bereits nach wenigen Tagen werden Sie feststellen, dass Sie bei alltäglichen und sportlichen Anforderungen müheloser mithalten können, sich nach Mahlzeiten anhaltend gesättigt fühlen und Fitness- und Gewichtsprobleme besser in den Griff bekommen.

So funktioniert die moderne Ernährung nach dem GLYX

Unsere Nahrung liefert die Energie für die Arbeit unseres Körpers. Nur wer die richtige Formel für eine ausgewogene und genussreiche Ernährung findet, bleibt dauerhaft gesund, schlank und aktiv. Als Kraftstoffe für die Zellen dienen in erster Linie Kohlenhydrate und Fette. Kohlenhydrate stellen unsere Hauptenergiequelle dar: Muskeln, Gehirn und Nerven arbeiten damit gleich gut. Diese müssen ebenso wie Eiweiß, lebensnotwendige Fettsäuren, Vitamine, Mineralstoffe und Spurenelemente täglich über die Nahrung aufgenommen werden, damit der Körper Höchstleistungen vollbringen kann. Die besten Quellen dafür sind leichte, frische Mahlzeiten mit einem hohen Anteil von saisonalem Gemüse und Obst sowie fettarme Milchprodukte. Ergänzen sollten Sie diese durch sättigende Vollkornprodukte wie Brot, Reis oder Nudeln und hochwertige pflanzliche Lebensmittel (z. B. Nüsse, Soja), Fisch sowie ab und zu mageres Fleisch (in Spitzenqualität).

Was wir Ihnen bislang erklärt haben, klingt doch ganz einfach, oder? Sie haben nun die

Basis, nach der Sie künftig Ihre neue Ernährung nach dem GLYX zusammenstellen können. Die einzige entscheidende Neuerung dabei: Greifen Sie bei Ihrer Auswahl vorzugsweise nach Lebensmitteln, die im grünen (niedrigen) GLYX-Bereich liegen. Produkte aus dem gelben (mittleren) Bereich kombinieren Sie am besten mit welchen aus dem grünen oder aber mit einer fettarmen Eiweißkomponente, wie Geflügelfleisch oder einem Milchprodukt. Von den »gelben« Lebensmitteln sollten Sie nicht zu viel essen. Wenn Sie diese Produkte bewusst einsetzen, können Sie sich zwischendurch auch einmal Nahrungsmittel mit einem hohen GLYX erlauben.

Lenken Sie Ihre Ernährung auf die GLYX-Bahn

Das GLYX-Konzept stimmt mit den aktuellen wissenschaftlich fundierten Ernährungsempfehlungen völlig überein und erfordert nur im Bereich der kohlenhydratreichen Lebensmittel eine differenzierte, bewusste Auswahl. So können Sie Ihre Blutzucker- und Insulinwerte aktiv beeinflussen, und zwar in die positive Richtung. Denn Sie haben es ja gelesen: Kohlenhydrate sind eben nicht gleich Kohlenhydrate. Wer noch mehr über den GLYX erfahren möchte, kann dies im Ernährungsratgeber »Fit, gesund und schlank mit dem GLYX« von Prof. Dr. Michael Hamm nachlesen. Dort werden Ihnen alle Stoffwechselvorgänge, die exakte Berechnung des GLYX und vieles mehr noch ausführlicher erklärt.

Jetzt wird's praktisch – der GLYX in Ihrer Küche

Keine Sorge – für die neue Ernährung nach dem GLYX müssen Sie Ihre Einkaufs- und Kochgewohnheiten in der Regel gar nicht auf den Kopf stellen. Wenn Sie auch sonst schon gerne frisches Gemüse, Obst, Vollkornprodukte und Hülsenfrüchte gegessen haben, brauchen Sie nur öfter einmal in die Tabelle (ab Seite 152) zu schauen, um sicher zu sein, im »grünen« GLYX-Bereich zu liegen. Außerdem sollten Sie folgende Tipps beachten:

- Essen Sie lieber mehrere, über den Tag verteilte Mahlzeiten statt wenige, sehr üppige Portionen. Aber: Das ständige Naschen von kleinen Snacks über den ganzen Tag verteilt sollten Sie einstellen.
- Gehen Sie eine rot-grüne Koalition ein: Kohlenhydratreiche Lebensmittel mit niedrigem GLYX (siehe Tabelle ab Seite 152) sollten 70 Prozent Ihrer Nahrung ausmachen. Essen Sie dazu fettarme Milchprodukte, mageres Fleisch oder Fisch. Hochwertige pflanzliche Fette sorgen zusätzlich für lebensnotwendige Fettsäuren und liefern Ihnen wichtige Zellschutzvitamine. Wenn Sie die Kohlenhydratmahlzeit entweder mit einer Portion Eiweiß (aus Milch, Fleisch, Fisch) oder Fett (in Maßen!) kombinieren, fällt der GLYX Ihrer Mahlzeit grundsätzlich noch niedriger aus.
- Lust auf ein Lebensmittel, das eigentlich aus dem roten GLYX-Bereich kommt? Kein Problem, wenn Sie alles, was es dazu noch geben soll, kompromisslos aus dem grünen Bereich wählen.

> **Die aktuelle Empfehlung der Ernährungswissenschaft lautet: Essen Sie Kohlenhydrate nach dem GLYX – sie sind das Fundament einer modernen gesunden Ernährung.**

Lernen Sie die Welt des GLYX kennen

Ob im Restaurant oder in der Kantine – bei frischem Gemüse, Salat und Beilagen mit niedrigem GLYX dürfen (und sollten!) Sie stets reichlich zugreifen.

Kleine Tricks für Ihr neues GLYX-orientiertes Leben

Manchmal bedarf es nur eines kleinen Tricks und schon ändert sich der GLYX eines Lebensmittels oder einer ganzen Mahlzeit zu Ihrem Vorteil. Hier eine schnelle Übersicht, wie Sie ohne großen Aufwand Ihr GLYX-Konto optimieren können:

- Je weicher Nudeln gegart werden, desto höher wird ihr GLYX. Kochen Sie daher Spaghetti & Co. besser nur al dente – so dass sie noch Biss haben. Besser: Nudeln aus Vollkornmehl – mehr Ballaststoffe und Mineralien, niedrigerer GLYX.
- Eine schlechte Nachricht für alle, die Kartoffeln lieben: sie haben leider einen ungünstig hohen GLYX. Deshalb sollten Sie die Kartoffelmengen in den Gerichten reduzieren und mit reichlich Gemüse aus dem grünen Bereich kombinieren. Und öfter mal die Beilage austauschen; Basmatireis, Vollkorn-Spaghetti, Bulgur, Naturreis, grobes Vollkornbrot haben einen niedrigeren GLYX.
- Garen Sie auch Gemüse lieber bissfest als zu weich. Die positiven grünen GLYX-Werte des Gemüses (Ausnahmen: »gelb« für Erbsen, gekochte Möhren, Kürbis, rote Bete, Zuckermais) verändern sich durch zu starkes Garen negativ. Planen Sie daher immer auch die eine oder andere Portion Rohkost in Ihren Speiseplan mit ein. Ein Trick für alle, die nicht so gerne Rohes knabbern: Raspeln Sie einen Teil des frischen Gemüses roh und mischen Sie es kurz vor dem Servieren unter das bereits gegarte Gemüse. Frische Kräuter dürfen Sie verschwenderisch verwenden!
- Vollkornbrot ist der GLYX-Spitzenreiter, vorausgesetzt es ist möglichst grob geschrotet oder noch besser aus ganzen Körnern hergestellt. Günstig sind auch Brote mit zusätzlichen Ballaststoffen wie Leinsamen, Kleie, Körner- und Saatenmischungen. Kennen Sie Pumpernickel? Diese westfälische Brotspezialität hat durch ihre spezielle Korn-an-Korn-Konsistenz einen besonders günstigen GLYX. Bei Knäckebrot sollten Sie auf einen hohen Vollkornanteil und zusätzlich Ballaststoffe achten.
- So halbieren Sie den GLYX von Säften: Mixen Sie frisch gepresste oder naturreine Säfte ohne Zuckerzusatz einfach 1:1 mit Mineralwasser oder ungesüßtem Früchte- oder Kräutertee.
- Achten Sie auf reichlich Ballaststoffe (z. B. in Obst und Gemüse, Hafer- oder Weizenkleie), denn diese sorgen dafür, dass Kohlenhydrate langsamer verdaut, in Glukose zerlegt und in Energie umgesetzt werden können. Das bedeutet einen langsameren Blutzuckeranstieg. Deshalb ist der ganze Apfel immer besser als Apfelsaft und sind Vollkornnudeln besser als helle Pasta.
- Schokoholics aufgepasst! Bitterschokolade mit einem mindestens 70-prozentigem Kakaoanteil hat einen niedrigen GLYX, Milchschokolade einen mittleren Wert – die enthaltenen Fette drosseln den Blutzuckeranstieg. Leider ist das aber nur ein Teil-Freispruch: denn das enthaltene Fett liefert nun mal reichlich Kalorien.

- Erhitztes Getreide oder Körner (im Brot oder als Beilage) haben einen höheren GLYX als unbehandeltes, ungegartes Getreide und Flocken, wie z.B. in Müsli. Ganze Körner haben einen niedrigeren GLYX als geschrotete. Je feiner das Getreide geschrotet ist, desto höher der GLYX.

GLYX-lich außer Haus und im Restaurant

Auch wenn Sie nicht selbst kochen, sollten Sie den GLYX Ihrer Mahlzeiten auf jeden Fall im Auge behalten.

Verzichten Sie im Restaurant am besten ganz auf Baguettebrot und Butter. Bestellen Sie als Vorspeise einen großen Salatteller oder Rohkost, Gemüsestifte mit Dip. Reichlich Mineralwasser schützt Sie vor dem Hauptgang vor dem unüberlegten, hungrigen Griff nach Snacks, die häufig viel Fett und zudem einen hohen GLYX haben – dazu zählen Knabberstangen, Baguette oder Frittiertes. Ideal ausgewählt ist Ihre Mahlzeit, wenn der Hauptbestandteil aus Gemüse, Salat und einer Beilage mit niedrigem GLYX (Basmatireis, Hülsenfrüchte, Bulgur, Nudeln aus Hartweizen) besteht. Hochwertiges Fleisch oder Fisch dazu sind die wahren Feinschmecker-Highlights. Meiden Sie Fettgebackenes oder Paniertes. Echte Genießer bevorzugen frischen Fisch oder Fleisch oder Geflügel vom Grill, und das nicht nur wegen des unverfälschten Geschmacks. Zum Dessert sollte frisches Obst dann stets Ihre erste Wahl sein. Auch in der Kantine können Sie Ihre Mahlzeiten GLYX-bewusst auswählen. Die Salatbar ist hierfür die beste Anlaufstelle. Mit fettarmem Lieblingsdressing von Zuhause und einer Scheibe Vollkornbrot oder Mehrkorn-Brötchen sind Sie auf der »grünen« GLYX-Seite. Nehmen Sie sich dazu etwas mageres Fleisch oder Fisch, vorzugsweise gegrillt und ohne Saucen. In guten Kantinen sollte es inzwischen auch selbstverständlich sein, nur einen Beilagenteller zu wählen. Gegartes Gemüse kombiniert mit Hülsenfrüchten, Vollkornreis oder Nudeln und wenig leichter Sauce sind ideal, wenn Sie anschließend noch einige Stunden im Büro verbringen müssen. Und zum Nachtisch? Frisches Obst, eine Buttermilchspeise, ein Früchtequark oder ein Joghurt geben Ihnen den richtigen Energiekick. Erlaubt sind auch Milchkaffee, Cappuccino oder Espresso mit einem kleinen Stück dunkler Schokolade, denn damit bleiben Sie garantiert im grünen GLYX-Bereich. Fertigdesserts, süße Kompotts oder mal ein Pudding sollten hingegen die Ausnahme bleiben.

Sind Sie bereit für den GLYX?

Sie haben eine Menge über eine ausgewogene Ernährung nach dem GLYX gelesen, jetzt brennen Sie bestimmt darauf, Ihr neues Wissen auszuprobieren und in die Tat umzusetzen! Worauf warten Sie noch? Legen Sie los! Alles was Sie brauchen, finden Sie in diesem Buch. Egal, ob Sie erst einmal hineinschnuppern möchten oder gleich mit der 4-Wochen-GLYX-Diät durchstarten wollen: Wichtig ist, dass Sie damit anfangen!

> **Noch ein Trick:** Wenn Sie Kartoffeln oder Nudeln vorgaren, abkühlen lassen und dann zum Verzehr wieder erhitzen, senken Sie deren GLYX erheblich, denn dabei entsteht die so genannte resistente Stärke.

Abkürzungen

EL = Esslöffel
TL = Teelöffel
g = Gramm
kg = Kilogramm
l = Liter
ml = Milliliter
TK- … = Tiefkühl …
Pck. = Päckchen
o. Z. = ohne Zuckerzusatz
Msp. = Messerspitze

Die 4-Wochen-GLYX-Diät

Erfolgreich abnehmen mit der GLYX-Formel

Sie möchten sich gesund ernähren, Ihrer Figur etwas Gutes tun und gleichzeitig einige überflüssige Pfunde loswerden? Dann ist unser spezieller GLYX-Diätplan für 4 Wochen genau das Richtige für Sie! Hier haben wir für Sie eine Rezeptauswahl zusammengestellt, die ausschließlich aus Lebensmitteln mit einem positiven GLYX-Index besteht.

Das Zusatz-Plus für Sie und Ihre Figur: Alle Gerichte werden mit besonders wenig Fett, dafür aber mit vielen frischen Produkten zubereitet. Diese Kombination garantiert Ihnen, erfolgreich und gesund abzunehmen – und vor allem laufen Sie nicht Gefahr, den unangenehmen Heißhungergefühlen ausgesetzt zu sein!

Die GLYX-Diät – so macht das Schlankwerden wirklich Spaß

Nach dem für Sie entwickelten Diätplan können Sie täglich je 1 Frühstück, 2 Hauptmahlzeiten und 2 Zwischenmahlzeiten nach Ihrer Wahl (siehe Kasten S. 20) genießen. Zusammen ergibt das durchschnittlich etwa 1200 Kilokalorien täglich. Zu wenig, um fit und leistungsfähig zu bleiben, denken Sie? Nein, denn Ihr Körper erhält alle wichtigen Nähr- und Vitalstoffe, die er benötigt. Sie werden staunen, denn Sie werden sich bereits nach wenigen Tagen angenehm leicht, ausgeglichen und gesund fühlen.

Der niedrige glykämische Index aller Gerichte garantiert Ihnen zudem sichtbaren Erfolg: Sie fühlen sich während dieser Zeit satt und können bis zu 10 Pfund Gewicht in 4 Wochen verlieren!

Auf den einzelnen Übersichtsseiten für jede Woche finden Sie für jeden Tag die Rezeptnamen. Und damit Sie die Rezepte schneller finden, stehen die Seitenzahlen direkt dahinter in Klammern. Je nachdem, wie viele Personen die Diät machen, müssen Sie die Zutaten jetzt nur noch teilen (wenn Sie alleine oder zu zweit abnehmen möchten) oder multiplizieren, wenn mehr als 4 Personen auf die gesunde Ernährungsform nach dem GLYX umsteigen möchten.

Sollte Ihnen eines der Rezepte einmal gar nicht zusagen, finden Sie auf den Seiten 157 bis 159 genug Ausweichmöglichkeiten. Die dort nach Rubriken geordneten Rezeptideen vertreiben garantiert jeden Hunger!

Es kann losgehen: Werden Sie glücklich mit GLYX!

Wir hoffen, dass Sie mit dieser einfachen, aber sehr effektiven Ernährungsumstellung wieder Freude am Essen haben werden, und freuen uns mit Ihnen über Ihren Erfolg, der sich sicher schon bald einstellt!

> **Ganz wichtig: Nur wer viel trinkt, nimmt auch ab.**
> Vergessen Sie bitte nicht, täglich mindestens 2 bis 3 Liter kalorienarme Flüssigkeiten zu trinken. Ideal sind mineralstoffreiche Mineralwässer, ungesüßte Tees oder Mineralwasser-Saftschorlen.

Die 4-Wochen-GLYX-Diät

**Figurfreundliche Snacks
(pro Tag dürfen Sie
2 auswählen)**

Tomaten-Booster (S. 41)

Kefir-Refresher (S. 40)

Möhren-Mandarinen-Drink (S. 37)

Kapern-Bruschetta (S. 59)

Griechischer Gurkenteller (S. 59)

Geschmorter Fenchel auf
  Grapefruit (S. 58)

Zitronen-Apfel-Sorbet (S. 148)

Kokoscreme an frischen Beeren
  (S. 141)

Kokos-Kirsch-Joghurtspeise
  (S. 142)

Apfel-Hafer-Küchlein (S. 145)

Sanddorn-Frucht-Sorbet (S. 143)

Gedünstete Apfelringe mit
  Minzsauce (S. 144)

Austernpilze auf Apfel-
  Schalotten-Kompott (S. 55)

Grüner Spargel mit geräucherter
  Putenbrust (S. 57)

1. Woche

Montag
- Frühstück: Vollkornsandwich mit Gurke (S. 28)
- Mittagessen: Bohnensalat mit Schafskäse, dazu 1 Scheibe grobkörniges Vollkornbrot mit Sesam (S. 50)
- Abendessen: Brokkolicreme mit geröstetem Sesam und Lachs (S. 68)

Dienstag
- Frühstück: Apfelfrischkäse mit Knusperflocken (S. 26)
- Mittagessen: Italienischer Kartoffelsalat mit Scampi (S. 45)
- Abendessen: Bunte Chinapfanne (S. 101), dazu 1 Portion (50 g) Basmatireis

Mittwoch
- Frühstück: Herzhaftes Schinkenfrühstück (S. 29)
- Mittagessen: Pfannkuchen mit Backäpfeln (S. 139)
- Abendessen: Leichter Linseneintopf (S. 74)

Donnerstag
- Frühstück: Beerenquark mit Sanddorn (S. 25)
- Mittagessen: Blutorangen-Chicorée-Salat (S. 48), dazu 2 Scheiben Ballaststoff-Knäckebrot
- Abendessen: Orientalische Hähnchenkeulen auf Aprikosenreis (S.104)

Freitag
- Frühstück: Basilikum-Tomaten-Brötchen (S. 28)
- Mittagessen: Kräuterfrikadellen auf Kartoffel-Salat (S. 102)
- Abendessen: Gedämpftes Lachsfilet auf Zitronenspinat (S. 81), dazu 1 Portion (40 g) Bulgur

Samstag
- Frühstück: Mandel-Frucht-Müsli (S. 26)
- Mittagessen: Chicken-Hamburger (S. 99)
- Abendessen: Gratinierte Pilz-Pfannkuchen (S. 129)

Sonntag
- Frühstück: Herzhaftes Schinkenfrühstück (S. 29)
- Mittagessen: Nudeln mit Rucola-Parmesan-Sauce (S. 116) mit 1 Portion (30 g) Hartweizennudeln anrichten
- Abendessen: Spargel mit Putenbrust (S. 57), 1 Sch. Vollkornbrot

GLYX-Diät 2. Woche

Montag
- **Frühstück**: Vollkornsandwiches mit Gurke (S. 28)
- **Mittagessen**: Chinesischer Glasnudelsalat (S. 44)
- **Abendessen**: Provenzalisches Kräutergulasch (S. 91), dazu 1 Portion (40 g) Vollkornnudeln aus Hartweizen

Dienstag
- **Frühstück**: Mandel-Frucht-Müsli (S. 26)
- **Mittagessen**: Mangold-Linsen-Eintopf (S. 70)
- **Abendessen**: Gedämpftes Lachsfilet auf Zitronenspinat (S. 81), dazu 1 Portion (50 g) Vollkornreis

Mittwoch
- **Frühstück**: Gemüse-Kräuter-Rührei auf Vollkornbrot (S. 29)
- **Mittagessen**: Apfel-Hafer-Pancakes mit Quarkcreme (S. 34)
- **Abendessen**: Bunte Chinapfanne (S. 101), dazu 1 Portion (50 g) Basmatireis

Donnerstag
- **Frühstück**: Obstsalat mit Zimt-Joghurt-Creme (S. 25)
- **Mittagessen**: Marinierter Hähnchenbrustsalat (S. 31), dazu 1 Portion (50 g) Vollkornreis unterheben
- **Abendessen**: Fischpfanne (S. 86), dazu 1 Portion (50 g) Basmatireis

Freitag
- **Frühstück**: Birnenschiffchen mit Edelpilzkäse (S. 35)
- **Mittagessen**: Möhrensalat mit Mandelpesto (S. 48), dazu 2 Scheiben Ballaststoff-Knäckebrot
- **Abendessen**: Parmesanschnitzel auf Zartweizen (S. 96)

Samstag
- **Frühstück**: Gemüse-Kräuter-Rührei auf Vollkornbrot (S. 29)
- **Mittagessen**: Sauer-scharfe Asia-Gemüse-Suppe (S. 62)
- **Abendessen**: Friséesalat mit Harzer-Käse (S. 50), dazu 1 Scheibe Pumpernickel

Sonntag
- **Frühstück**: Apfelfrischkäse mit Knusperflocken (S. 26)
- **Mittagessen**: Kräuter-Rouladen in Gemüsesauce (S. 99), dazu 1 Portion (50 g) Vollkornreis
- **Abendessen**: Bohnensalat (S. 53), dazu 1 Ballaststoff-Knäcke

Werden Sie mobil

Heizen Sie ihrem Stoffwechsel ein, damit mehr Kalorien verbrannt werden und das Abnehmen leichter geht. Wenn Sie jeden 2. Tag ca. 30 Minuten Sport treiben, steigert das nachhaltig Ihren Energiestoffwechsel. Also planen Sie am besten ab heute jeden Tag eine kleine Sporteinheit ein – optimal: Walking, Joggen, Radfahren oder Schwimmen. Wenn möglich, gehen Sie dazu an die frische Luft – und schon nach kurzer Zeit fühlen Sie sich leichter, frischer und gesünder!

Die 4-Wochen-GLYX-Diät

3. Woche

Abnehmen mit Köpfchen

Genießen Sie Ihre Mahlzeiten bewusst. Schluss mit hastigem Essen im Stehen, am Schreibtisch oder schnell mal zwischendurch. Und: Runter vom Sofa, rein ins Leben! Gestalten Sie Ihre Abende aktiv. Radfahren, ein Kinobesuch, eine Einladung an Freunde oder Spaziergänge in der Natur – tun Sie sich selbst etwas Gutes! Es gibt vieles, was Sie tun können, ohne dass dabei gegessen wird.

Montag
- **Frühstück** Aprikosen-Apfel-Kompott mit Zimt-Joghurt (S. 144)
- **Mittagessen** Sellerieplätzchen mit Orangen-Feldsalat (S. 137), dazu 1 Portion (30 g) Basmatireis
- **Abendessen** Fischpfanne mit Tomate und Brokkoli (S. 86)

Dienstag
- **Frühstück** Frischkornmüsli mit süßen Früchtchen (S. 27)
- **Mittagessen** Lachs-Gurken-Sandwiches (S. 33)
- **Abendessen** Nudel-Omelett mit Paprika-Frischkäse-Gemüse (S. 113)

Mittwoch
- **Frühstück** Basilikum-Tomaten-Brötchen (S. 28)
- **Mittagessen** Krautsalat mit Kasseler (S. 51), dazu 1 ½ Scheiben grobes Vollkornbrot mit Leinsamen
- **Abendessen** Gemüsecurry auf Erdnussreis (S. 121)

Donnerstag
- **Frühstück** Apfelfrischkäse mit Knusperflocken (S. 26)
- **Mittagessen** Tomaten-Thunfisch-Häppchen (S. 33)
- **Abendessen** Herzhafter Paprika-Sauerkraut-Eintopf (S. 65)

Freitag
- **Frühstück** Multivitamin-Morning-Starter (S. 38)
- **Mittagessen** Rucola-Champignon-Salat (S. 43)
- **Abendessen** Seelachs mit Tomaten-Parmesan-Kruste (S. 79), dazu 1 Portion (40 g) Basmatireis

Samstag
- **Frühstück** Apfelfrischkäse mit Knusperflocken (S. 26)
- **Mittagessen** Schnelle Tomatensuppe mit Petersilienpesto (S. 76)
- **Abendessen** Reissalat mit Garnelen (S. 44)

Sonntag
- **Frühstück** Gemüse-Kräuter-Rührei auf Vollkornbrot (S. 29)
- **Mittagessen** Schollenfilet in Orangen-Schalotten-Sauce (S. 80), dazu 1 Portion (50 g) Basmatireis
- **Abendessen** Rucola-Champignon-Salat (S. 43)

GLYX-Diät 4. Woche

4. Woche

Frühstück	Beerenquark mit Sanddorn (S. 25)	**Montag**
Mittagessen	Sandwich mit Curry-Putenbrust-Füllung (S. 32)	
Abendessen	Nudel-Omelett mit Paprika-Frischkäse-Gemüse (S. 113)	
Frühstück	Herzhaftes Schinkenfrühstück (S. 29)	**Dienstag**
Mittagessen	Reissalat mit Garnelen (S. 44)	
Abendessen	Bunter Gemüseeintopf mit roten Linsen (S. 71)	
Frühstück	Vollkornsandwiches mit Gurke (S. 28)	**Mittwoch**
Mittagessen	Weizensalat mit Ziegengouda (S. 51)	
Abendessen	Kräuter-Rotbarsch aus der Folie (S. 82), dazu 1 Portion (40 g) Vollkornreis	
Frühstück	Frischkornmüsli mit süßen Früchtchen (S. 27)	**Donnerstag**
Mittagessen	Sandwiches mit Curry-Putenbrust-Füllung (S. 32)	
Abendessen	Gratinierte Pilzpfannkuchen (S. 129)	
Frühstück	Birnenschiffchen mit Edelpilzkäse (S. 35)	**Freitag**
Mittagessen	Frischkornmüsli mit süßen Früchtchen (S. 27)	
Abendessen	Tomaten-Thunfisch-Sauce (S. 119), dazu 1 Portion (40 g) Vollkornnudeln aus Hartweizen	
Frühstück	Multivitamin-Morning-Starter (S. 38)	**Samstag**
Mittagessen	Möhren-Salat mit Mandelpesto (S. 48), dazu 1 Scheibe Pumpernickel	
Abendessen	Orientalische Hähnchenkeulen (S. 104)	
Frühstück	Gemüse-Kräuter-Rührei auf Vollkornbrot (S. 29)	**Sonntag**
Mittagessen	Rehmedaillons auf Rotkohlsalat (S. 95), dazu 1 Scheibe grobes Vollkornbrot	
Abendessen	Blumenkohlsalat mit Senf-Kapern-Dressing (S. 53)	

Belohnen – aber sinnvoll!

Herzlichen Glückwunsch, Sie haben schon sehr viel erreicht und sich wirklich eine Belohnung verdient! Gönnen Sie sich eine Entspannungsmassage, schöne Stunden in einem Wellnessbad, einen Kino- oder Theater-Abend oder einen Konzertbesuch mit anschließendem Spaziergang… oder vereinbaren Sie noch heute einen Termin bei Ihrer Kosmetikerin! Tun Sie einfach, worauf Sie am meisten Lust haben, und Sie werden feststellen: Es gibt so vieles, was das Leben lebenswert macht und nichts mit Essen zu tun hat!

Frühstücksideen für Morgenmuffel & Frühstarter

Obstsalat mit Zimt-Joghurt-Creme (Foto)

je 2 Äpfel und Birnen
1 Banane
je 2 Orangen und Kiwis
400 g Weintrauben

Saft von 1 Limette
500 g Magermilchjoghurt
2–3 EL Agavendicksaft
Zimtpulver

1 Die Äpfel und die Birnen waschen, halbieren, dabei die Kerngehäuse entfernen und die Fruchthälften klein schneiden. Banane, Orangen und Kiwis schälen, das Fruchtfleisch ebenfalls in mundgerechte Stücke schneiden. Weintrauben waschen und von den Stielen zupfen.

2 Das vorbereitete Obst in eine Schüssel geben, den Limettensaft darunter mischen. Den Joghurt nach Geschmack mit Agavendicksaft süßen.

3 Den Obstsalat auf vier Schälchen verteilen, den Joghurt darüber geben. Den Obstsalat mit Zimt bestreuen.

Pro Portion:
290 kcal
8 g Eiweiß
1 g Fett
59 g Kohlenhydrate

Ihr Vitalstoff-Plus: Vitamin C, Kalium, Kalzium
Für 4 Personen
Zubereitungszeit: ca. 15 Min.

Beerenquark mit Sanddorn

500 g gemischte Beeren (z.B. Himbeeren, Heidelbeeren, Johannisbeeren – ersatzweise TK-Ware)
500 g Magerquark

4 EL Mineralwasser
2 EL Agavendicksaft
4 EL Sanddornsaft (mit Honig gesüßt, Reformhaus)

1 Die Beeren verlesen, abspülen, abtropfen lassen, Tiefkühlware auftauen. Die Beeren auf vier Schälchen verteilen.

2 Magerquark mit Mineralwasser und Agavendicksaft verrühren und über die Beeren verteilen. Pro Schälchen 1 Esslöffel Sanddornsaft über den Beerenquark geben.

Variante Mögen Sie es lieber herzhaft? Dann statt der Beeren 1 Bund Schnittlauch, 2 Möhren, 1 kleine Salatgurke und 2 hart gekochte Eier fein würfeln und unter den Quark rühren. Agaven- und Sanddornsaft weglassen. Dazu schmeckt ein herzhaftes Vollkornbrot mit Leinsamen.

Pro Portion:
200 kcal
19 g Eiweiß
4 g Fett
18 g Kohlenhydrate

Ihr Vitalstoff-Plus: Vitamin C, Kalzium
Für 4 Personen
Zubereitungszeit: ca. 10 Min.

Frühstücksideen für Morgenmuffel & Frühstarter

Apfelfrischkäse mit Knusperflocken

Pro Portion:
180 kcal
15 g Eiweiß
3 g Fett
21 g Kohlenhydrate

Ihr Vitalstoff-Plus: Zink, Vitamin E
Für 4 Personen
Zubereitungszeit: ca. 15 Min.

2 große säuerliche Äpfel
2 EL Zitronensaft
1 Prise Zimtpulver
400 g körniger Frischkäse
4 TL Agavendicksaft
4 EL kernige Vollkornhaferflocken
2 TL Leinsamen
2 TL Haselnussblättchen

1 Die Äpfel waschen, schälen, dabei die Kerngehäuse entfernen und die Apfelhälften auf einer Küchenreibe grob raspeln. Geraspelte Äpfel mit Zitronensaft und Zimt mischen, etwas ziehen lassen und unter den Frischkäse mischen.

2 Den Apfelfrischkäse in vier Schalen geben, mit je 1 Teelöffel Agavendicksaft süßen.

3 Vollkornhaferflocken, Leinsamen und Haselnussblättchen in einer Pfanne ohne Fett rösten, bis sie zu duften anfangen.

4 Die noch warmen Knusperflocken über den Apfelfrischkäse streuen.

Tipp Je nach Saison können Sie auch Orangen, Kiwis oder Erdbeeren verwenden.

Mandel-Frucht-Müsli

Pro Portion:
170 kcal
5 g Eiweiß
5 g Fett
26 g Kohlenhydrate

Ihr Vitalstoff-Plus: Vitamin C, Kalium, Zink
Für 4 Personen
Zubereitungszeit: ca. 15 Min.

4 EL Mandelstifte
150 g kernige Vollkornhaferflocken
2 EL Haferkleie
2 EL Leinsamen (frisch geschrotet)
100 g Trockenfrüchte (z.B. Aprikosen, Pflaumen, Birnen)
400 g frische Früchte nach Geschmack (z.B. Erdbeeren, Kirschen, Weintrauben, Pfirsiche, Aprikosen)

1 Die Mandelstifte in einer Pfanne ohne Zugabe von Fett rösten, bis sie zu duften anfangen, herausnehmen.

2 Vollkornhaferflocken mit Kleie und Leinsamen mischen. Die Trockenfrüchte fein würfeln. Frische Früchte waschen, Kirschen, Pfirsiche und Aprikosen entsteinen. Das Obst klein schneiden.

3 Alle vorbereiteten Zutaten mischen und in vier Müslischalen verteilen. Das Müsli nach Geschmack mit frischer Milch, fettarmer Dickmilch, Kefir oder Magermilchjoghurt zubereiten.

Frischkornmüsli mit süßen Früchtchen

100 g Trockenfrüchte (z. B. Pflaumen, Aprikosen, Birnen)
150 g frisch gequetschte Getreidekörner (z. B. Hafer, Weizen, Roggen – Naturkostladen oder Reformhaus)

2 EL ungeschwefelte Rosinen
2 EL Mandelstifte
4 EL Leinsamen
4 EL Haferkleie

1 Die Trockenfrüchte fein würfeln und mit den restlichen Zutaten mischen.
2 Das Frischkornmüsli in vier Schalen geben. Das Müsli möglichst frisch mit fettarmer Milch, Joghurt, Dickmilch oder Kefir genießen.

Variante Statt der Trockenfrüchte können Sie auch frische Früchte verwenden.

Pro Portion:
280 kcal
10 g Eiweiß
8 g Fett
41 g Kohlenhydrate

Ihr Vitalstoff-Plus: ballaststoffreich, ungesättigte Fettsäuren
Für 4 Personen
Zubereitungszeit: ca. 10 Min.

Frühstücksvariationen mit Käse

1 Bund Radieschen
4 Scheiben Vollkornbrot mit Leinsamen
4 TL Reformmargarine
4 Scheiben Emmentaler Käse

2 kleine vollreife Birnen
4 Vollkornhaferbrötchen mit Kürbiskernen
4 TL Butter
200 g Camembert (30 % F. i. Tr.)

1 Radieschen waschen und in Scheiben schneiden. Vollkornbrot mit Margarine bestreichen und die Brotscheiben mit Emmentaler und Radieschenscheiben belegen.
2 Birnen waschen, halbieren, dabei die Kerngehäuse entfernen. Birnenhälften in Spalten schneiden. Brötchen halbieren, mit Butter bestreichen.
3 Die Brötchenhälften mit Camembert und Birnenspalten belegen.

Pro Portion:
570 kcal
26 g Eiweiß
29 g Fett
53 g Kohlenhydrate

Ihr Vitalstoff-Plus: Vitamin K und B_1, Kalzium
Für 4 Personen
Zubereitungszeit: ca. 10 Min.

Frühstücksideen für Morgenmuffel & Frühstarter

Vollkornsandwiches mit Gurke

Pro Portion:
230 Kilokalorien
14 g Eiweiß
3 g Fett
36 g Kohlenhydrate

Ihr Vitalstoff-Plus: Magnesium, Eisen
Für 4 Personen
Zubereitungszeit: ca. 10 Min.

200 g kalorienreduzierter Frischkäse (0,2 % Fett)
3 TL körniger Senf
8 Scheiben Vollkornbrot mit Leinsamen
1 Salatgurke (ca. 300 g)
Pfeffer
frischer Dill

1 Den Frischkäse mit dem Senf verrühren, die Brotscheiben damit bestreichen. Gurke schälen und in Scheiben schneiden.

2 Gurkenscheiben auf den Broten verteilen, pfeffern. Den Dill abspülen und die Brote damit garnieren. Die Brote zusammenklappen und diagonal halbieren.

Tipp Statt der Gurke geben auch dünne Scheiben von Radieschen oder Rettich diesen Sandwiches einen pikanten Geschmack.

Basilikum-Tomaten-Brötchen

Pro Portion:
150 kcal
5 g Eiweiß
1 g Fett
31 g Kohlenhydrate

Ihr Vitalstoff-Plus: Kalzium, Folsäure
Für 4 Personen
Zubereitungszeit: ca. 5 Min.

4 Mehrkornbrötchen
4 EL kalorienreduzierter Frischkäse mit Buttermilch
1 Bund frisches Basilikum
4 Tomaten
Jodsalz
Pfeffer

1 Die Brötchen waagerecht aufschneiden, die Hälften mit dem Frischkäse bestreichen. Basilikum abspülen, die Blättchen abzupfen und die Brötchenhälften damit belegen. Tomaten waschen und in Scheiben schneiden, dabei die Stielansätze entfernen. Tomatenscheiben auf den unteren Brötchenhälften verteilen.

2 Die Brötchen salzen, pfeffern und zusammenklappen.

Gemüse-Kräuter-Rührei auf Vollkornbrot

2 Tomaten
50 g Champignons
1 gelbe Paprikaschote
1 Bund frische Kräuter oder 2 EL gemischte Kräuter (TK-Ware)
4 Eier
4 EL Mineralwasser
1 TL Tomatenmark
Jodsalz
Pfeffer
2 TL Butter
4 Scheiben Hafervollkornbrot mit Sonnenblumenkernen

1 Das Gemüse waschen, putzen und klein schneiden. Die Kräuter abspülen, einige davon zurückbehalten, die restlichen fein hacken.
2 Die Eier mit Mineralwasser, Tomatenmark und den Kräutern verquirlen. Die Eiermasse mit Salz und Pfeffer würzen.
3 Butter in einer Pfanne erhitzen. Die Eiermasse hineingießen, das vorbereitete Gemüse darauf verteilen. Das Rührei bei schwacher Hitze stocken lassen.
4 Das Rührei in vier Portionen teilen, diese auf den Brotscheiben verteilen. Mit den Kräutern garnieren.

Pro Portion:
200 kcal
12 g Eiweiß
7 g Fett
19 g Kohlenhydrate

Ihr Vitalstoff-Plus: Vitamin B_2 und E, Niacin
Für 4 Personen
Zubereitungszeit: ca. 20 Min.

Herzhaftes Schinkenfrühstück

1 säuerlicher Apfel
3 TL geriebener Meerrettich (aus dem Glas)
2 EL Schmand (20 % Fett) oder Crème fraîche
Jodsalz
Pfeffer
4 Scheiben Pumpernickel
4 TL Reformmargarine
4 Gewürzgurken
100 g Schinken (z. B. Schwarzwälder, hauchdünn geschnitten)

1 Den Apfel waschen, schälen, dabei das Kerngehäuse entfernen und die Apfelhälften fein reiben. Mit Meerrettich und Schmand verrühren, salzen und pfeffern.
2 Die Pumpernickelscheiben mit Margarine bestreichen. Gewürzgurken in Scheiben schneiden und darauf verteilen. Schinkenscheiben darauf anrichten, mit Pfeffer bestreuen. Den Apfelmeerrettich zu den Broten reichen.

Tipp Statt Schinken können Sie auch geräucherte Putenbrust verwenden, die sehr fettarm ist.

Pro Portion:
160 kcal
10 g Eiweiß
5 g Fett
19 g Kohlenhydrate

Ihr Vitalstoff-Plus: Vitamin B_6, Magnesium
Für 4 Personen
Zubereitungszeit: ca. 10 Min.

Snacks & Fingerfood für zwischendurch

Marinierter Hähnchenbrustsalat (Foto)

1 EL Pinienkerne
1 TL Sonnenblumenöl
400 g Hähnchenbrustfilet
3 EL Weißweinessig
1 EL Olivenöl
Jodsalz, Pfeffer
400 g Cocktailtomaten
1 Bund Basilikum

1 Die Pinienkerne in einer Pfanne ohne Zugabe von Fett rösten, abkühlen lassen.
2 Das Sonnenblumenöl in einer Pfanne erhitzen. Das abgespülte und trockengetupfte Hähnchenbrustfilet darin bei starker Hitze zuerst kurz rundherum anbraten, dann bei schwacher Hitze zugedeckt 20 Minuten garen, abkühlen lassen.
3 Aus Essig, Öl, Salz und Pfeffer ein Dressing rühren. Die Hähnchenbrust in Stücke schneiden und mit dem Dressing mischen, 15 Minuten ziehen lassen.
4 Tomaten waschen und halbieren, Stielansätze entfernen. Abgezupfte Basilikumblättchen, Tomatenhälften und Pinienkerne unter das Hähnchenfleisch mischen.

Pro Portion:
170 kcal
25 g Eiweiß
6 g Fett
3 g Kohlenhydrate

Ihr Vitalstoff-Plus: Niacin, Vitamin B_{12} und B_1, Folsäure
Für 4 Personen
Zubereitungszeit: ca. 40 Min.

Geflügel-Saté mit Gurkensnack

1 Stück Ingwer (ca. 2–3 cm)
Saft von 2 Limetten
1 kleine rote Chilischote
1 TL Sesamöl
Jodsalz
2 Salatgurken
400 g Hähnchenbrustfilet
8 lange Holzspieße
1 EL Sonnenblumenöl, Pfeffer
2 EL geröstete Erdnusskerne
1 Bund Koriander

1 Ingwer schälen, fein hacken und mit Limettensaft verrühren. Chilischote längs aufschneiden, dabei die Kerne entfernen, Schotenhälften fein hacken.
2 Zusammen mit dem Sesamöl unter den Limettensaft rühren, salzen. Gurken schälen, längs halbieren, dabei die Kerne entfernen. Die Gurkenhälften in feine Würfel schneiden, mit dem Dressing mischen, ziehen lassen.
3 Das Hähnchenbrustfilet abspülen und trockentupfen, in grobe Würfel schneiden und diese auf die Holzspieße stecken. Das Öl erhitzen und die Fleischspieße darin rundherum ca. 8 Minuten braten. Herausnehmen, salzen und pfeffern.
4 Erdnüsse hacken, darüber streuen. Den Gurkensnack mit gewaschenen und fein geschnittenen Korianderblättchen garnieren. Dazu passt Basmatireis.

Pro Portion:
170 kcal
25 g Eiweiß
6 g Fett
7 g Kohlenhydrate

Ihr Vitalstoff-Plus: Kalium, Niacin, Vitamin B_1 und B_2
Für 4 Personen
Zubereitungszeit: ca. 30 Min.

Snacks & Fingerfood für zwischendurch

Sandwiches mit Curry-Putenbrust-Füllung

Pro Portion:
220 kcal
14 g Eiweiß
4 g Fett
32 g Kohlenhydrate

Ihr Vitalstoff-Plus: Vitamin B_{12}, Phosphor
Für 4 Personen
Zubereitungszeit: ca. 15 Min.

8 Scheiben Vollkorntoast oder Pumpernickel
2 Scheiben Ananas (Dosenware, o. Z.)
2 Stangen Staudensellerie
150 g geräucherte Putenbrust (am Stück)
2 EL leichte Salatcreme (30 % Fett)
75 g Vollmilchjoghurt
Jodsalz
Pfeffer
Currypulver
8 Blätter Kopfsalat

1 Die Brotscheiben toasten. Ananasscheiben abtropfen lassen, fein würfeln. Selleriestängel waschen, putzen und in sehr feine Streifen schneiden. Putenbrust ebenfalls fein würfeln.

2 Salatcreme und Joghurt mischen, mit Salz, Pfeffer und Curry würzen. Ananas-, Selleriestreifen und Putenbrustwürfel unter das Dressing rühren.

3 Die Salatblätter waschen und auf vier Toastscheiben verteilen. Die Putenbrustmischung darauf anrichten. Die restlichen Toastscheiben darauf legen und die Sandwiches diagonal halbieren.

Gemüse-Reispapierröllchen mit Ingwer-Dip

Pro Portion:
170 kcal
7 g Eiweiß
5 g Fett
25 g Kohlenhydrate

Ihr Vitalstoff-Plus: Vitamin C, Kalzium, Folsäure, Magnesium, Eisen
Für 4 Personen
Zubereitungszeit: ca. 25 Min.

8 runde Reispapierblätter (Asialaden)
1 Stück Ingwer (ca. 2–3 cm)
1 Knoblauchzehe
Saft von 1 Limette
4 EL Sojasauce
2 TL Sesam- oder Sojaöl
1 TL Sesamsamen
4 Lauchzwiebeln
4 Möhren
2 Stängel Staudensellerie
1 gelbe Paprikaschote
200 g geräucherter Tofu

1 Reispapierblätter ausbreiten, mit Wasser besprengen und einweichen lassen. Ingwer schälen, Knoblauch abziehen, beides sehr fein hacken. Mit Limettensaft, Sojasauce und 1 Teelöffel Sesamöl verrühren. Die Sesamsamen ohne Zugabe von Fett in einer Pfanne rösten, über den Dip streuen.

2 Das Gemüse waschen, putzen und in feine Streifen schneiden. Das restliche Sesamöl erhitzen. Das Gemüse zusammen mit dem abgetropften und gewürfelten Tofu darin bei starker Hitze kurz anbraten, so dass es bissfest bleibt.

3 Das Gemüse etwas abkühlen lassen, auf den Reispapierblättern verteilen. Die Blätter zusammenrollen, dabei die Seiten jeweils zur Mitte hin einschlagen. Den Ingwer-Dip zu den Röllchen reichen.

Tomaten-Thunfisch-Häppchen

4 mittelgroße Tomaten
1 große Dose Thunfisch, naturell (185 g Abtropfgewicht)
2 EL leichte Salatcreme (30 % Fett)
100 g Vollmilchjoghurt
1 EL Zitronensaft
Salz
Pfeffer
1 rote Paprikaschote
1 Pck. kleine runde Pumpernickelscheiben
2 TL Reformmargarine
frische Basilikumblättchen

1 Die Tomaten waschen und in dicke Scheiben schneiden, dabei die Stielansätze entfernen. Den Thunfisch abtropfen lassen, leicht zerdrücken.

2 Salatcreme mit Joghurt und Zitronensaft verrühren, salzen und pfeffern. Die Paprikaschote waschen und putzen, dabei das Kerngehäuse entfernen. Die Schote fein würfeln, Paprika und Thunfisch mit der Salatcreme mischen.

3 Pumpernickelscheiben mit Margarine bestreichen und mit jeweils 1 Tomatenscheibe belegen, darauf die Thunfischcreme verteilen.

4 Basilikum abspülen, die Blättchen abzupfen, die Häppchen damit garnieren und sofort servieren.

Pro Portion:
240 kcal
15 g Eiweiß
12 g Fett
19 g Kohlenhydrate

Ihr Vitalstoff-Plus: Eisen, Mangan, ungesättigte Fettsäuren, Jod
Für 4 Personen
Zubereitungszeit: ca. 20 Min.

Lachs-Gurken-Sandwiches

8 Scheiben Vollkorntoastbrot mit Sonnenblumenkernen
1 kleine Salatgurke
2 TL Meerrettichcreme (aus dem Glas)
4 Scheiben Räucherlachs

1 Die Brotscheiben toasten. Die Gurke schälen und in sehr feine Scheiben hobeln. Die Sandwiches mit der Meerrettichcreme bestreichen, die Gurkenscheiben darauf verteilen.

2 Auf die Hälfte der gerösteten Toastscheiben je 1 Scheibe Räucherlachs legen.

3 Die übrigen Toastscheiben auf die belegten Toastscheiben legen, gut andrücken und die Sandwiches diagonal halbieren.

Tipp Statt Räucherlachs können Sie auch Lachsfleisch (250 g ohne Fettrand) verwenden, am besten gleich in feine Scheiben geschnitten.

Pro Portion:
210 kcal
12 g Eiweiß
5 g Fett
28 g Kohlenhydrate

Ihr Vitalstoff-Plus: Omega-3-Fettsäuren, Vitamin B_{12}, Pantothensäure
Für 4 Personen
Zubereitungszeit: ca. 10 Min.

Snacks & Fingerfood für zwischendurch

Hafer-Wraps mit Tomaten-Mozzarella-Füllung

Pro Portion:
180 kcal
11 g Eiweiß
9 g Fett
12 g Kohlenhydrate

Ihr Vitalstoff-Plus: Kalzium, Eisen, Zink, Folsäure
Für 4 Personen
Zubereitungszeit: ca. 20 Min.
Quellzeit: ca. 20 Min.

60 g blütenzarte Haferflocken
2 EL Weizenvollkornmehl
1 Ei (Größe M)
Jodsalz

1 Pck. Mozzarella (125 g)
50 g Rucola oder Feldsalat
2 Tomaten

1 Aus Haferflocken, Vollkornmehl, Ei, ½ Teelöffel Salz und 250 Milliliter Wasser einen glatten Teig rühren. Diesen 20 Minuten quellen lassen.

2 Den Mozzarella abtropfen lassen, Rucola verlesen, waschen und klein zupfen. Tomaten waschen und in Scheiben schneiden, dabei die Stielansätze entfernen. Mozzarella ebenfalls in Scheiben schneiden.

3 Aus dem Teig in einer Pfanne ohne Zugabe von Fett 4 sehr dünne Wraps (Pfannkuchen) backen.

4 Die Wraps mit den vorbereiteten Zutaten belegen und fest zusammenrollen. Sie können sie warm oder kalt genießen.

Apfel-Hafer-Pancakes mit Quarkcreme

Pro Portion:
300 kcal
25 g Eiweiß
7 g Fett
35 g Kohlenhydrate

Ihr Vitalstoff-Plus: Kalzium, Vitamin C, Eisen
Für 4 Personen
Zubereitungszeit: ca. 25 Min.
Quellzeit: ca. 10 Min.

3 Eier (Größe M)
75 g Weizenvollkornmehl
50 g blütenzarte Haferflocken
1 TL Backpulver
150 ml Magermilch

2 TL Apfeldicksaft (Reformhaus)
2 säuerliche Äpfel (z. B. Boskop)
400 g Vanillequarkcreme (0,2 % Fett, Fertigprodukt aus dem Kühlregal)

1 Die Eier trennen. Aus Eigelben, Mehl, Haferflocken, Backpulver, Milch und Apfeldicksaft einen glatten Teig rühren. Diesen 10 Minuten quellen lassen.

2 Inzwischen das Eiweiß mit dem Mixer zu sehr steifem Eischnee schlagen. Den Eischnee vorsichtig mit einem Teigschaber unter den Teig ziehen.

3 Die Äpfel waschen, schälen und halbieren, dabei die Kerngehäuse entfernen. Die Apfelhälften grob raspeln und locker unter den Teig ziehen.

4 Eine Pfanne ohne Zugabe von Fett erhitzen. Aus dem Teig nach und nach kleine Pfannkuchen backen. Die Pfannkuchen mit der Quarkcreme servieren.

Birnenschiffchen mit Edelpilzkäse

3 mittelgroße Birnen
2 EL Sonnenblumenkerne
200 g Edelpilzkäse (z. B. Gorgonzola)
4 Scheiben Pumpernickel oder ballaststoffreiches Knäckebrot

1 Die Birnen waschen und halbieren, dabei die Kerngehäuse entfernen. Die Birnenhälften in nicht zu dünne Spalten schneiden und auf einer Platte anrichten.

2 Die Sonnenblumenkerne in einer Pfanne ohne Zugabe von Fett rösten, bis sie anfangen zu duften, abkühlen lassen.

3 Den Käse zerbröckeln, mit den Sonnenblumenkernen mischen und auf den Birnenspalten verteilen. Die Brotscheiben dazu reichen.

Pro Portion:
300 kcal
13 g Eiweiß
21 g Fett
16 g Kohlenhydrate

Ihr Vitalstoff-Plus: Kalzium, Magnesium, Zink, Kupfer
Für 4 Personen
Zubereitungszeit: ca. 10 Min.

Feigen mit Schafskäse

200 g milder Schafskäse
8 frische Feigen
Pfeffer
4 TL Birnendicksaft (Reformhaus)

1 Den Schafskäse abtropfen lassen und würfeln. Die Feigen halbieren.

2 Schafskäsewürfel und Feigenhälften auf vier Portionsteller verteilen, mit Pfeffer bestreuen. Den Birnendicksaft darüber träufeln. Dazu Pumpernickelscheiben reichen.

Tipp Dieser pikante Snack schmeckt mit Birnen und Blauschimmelkäse (z. B. Gorgonzola oder Bavaria blue) mindestens genauso gut!

Pro Portion:
200 kcal
10 g Eiweiß
9 g Fett
11 g Kohlenhydrate

Ihr Vitalstoff-Plus: Kalzium, Kalium
Für 4 Personen
Zubereitungszeit: ca. 5 Min.

Drinks – die schnellen Energiespender

Möhren-Mandarinen-Drink (Foto, links)

750 g Möhren
6 große, saftige Mandarinen
2 Zitronen

je 1 Prise Zimt, Anis und Gewürznelke (alles gemahlen)
375 ml gekühlter Rooibuschtee (mit Orangenaroma)

1 Die Möhren waschen, schälen und entsaften. Mandarinen und Zitronen halbieren und auspressen. Die Säfte mischen.

2 Die Saftmischung mit den Gewürzen abschmecken und mit dem gekühltem Tee auffüllen.

*Pro Glas: 90 kcal · 2 g Eiweiß
1 g Fett · 17 g Kohlenhydrate*

*Ihr Vitalstoff-Plus: Vitamin C, Karotin, Kalium, Eisen
Für 4 Personen
Zubereitungszeit: ca. 10 Min.*

Pfefferminz-Pfirsich-Smoothie (Foto, rechts)

4 reife Pfirsiche (oder Dosenware, o. Z.)
etwas frische Pfefferminze
Saft von 2 Limetten
2 EL Apfeldicksaft (Reformhaus)

¾ l gekühlte Sojamilch
2 TL Weizenkeimöl
4 TL Weizen- oder Haferkleie

1 Frische Pfirsiche waschen, kurz überbrühen, enthäuten und entsteinen, Dosenware abtropfen lassen.
2 Die Pfefferminze abspülen, die Blättchen vom Stiel abzupfen.
3 Das Pfirsichfruchtfleisch grob schneiden und mit Minze, Limetten- und Apfeldicksaft pürieren.
4 Sojamilch, Weizenkeimöl und Kleie durchmixen und untermengen.

*Pro Glas: 150 kcal · 8 g Eiweiß
7 g Fett · 14 g Kohlenhydrate*

*Ihr Vitalstoff-Plus: Vitamin E, ballaststoffreich, Karotin
Für 4 Personen
Zubereitungszeit: ca. 10 Min.*

Aprikosen-Grapefruit-Breezer

3 rosa Grapefruits
2 Kiwis
1 kleine Banane
etwas frische Pfefferminze

100 g getrocknete Aprikosen
400 ml gekühlter grüner Tee (mit Zitronenaroma)
4 TL Sojaflocken (Reformhaus)
4 TL Vollkornhaferflocken (Instant)

1 Grapefruits dick schälen, die weißen Häute entfernen. Das Fruchtfleisch auslösen. Kiwis und Banane schälen und grob würfeln. Pfefferminze abspülen, Blättchen abzupfen, einige zurückbehalten.
2 Das vorbereitete Obst zusammen mit Minze, Aprikosen, Tee, Soja- und Haferflocken im Mixer durchmixen.
3 Den Breezer in Gläser füllen, mit Minzeblättchen garnieren und sofort genießen.

*Pro Glas: 190 kcal · 4 g Eiweiß
1 g Fett · 34 g Kohlenhydrate*

*Ihr Vitalstoff-Plus: Kalium, Vitamin C, Karotin
Für 4 Personen
Zubereitungszeit: ca. 10 Min.*

Drinks – die schnellen Energiespender

Energie-Plus-Drink

Pro Glas: 190 kcal
6 g Eiweiß · 6 g Fett
28 g Kohlenhydrate

Ihr Vitalstoff-Plus: Vitamin C und E, Magnesium, Mangan
Für 4 Personen
Zubereitungszeit: ca. 5 Min.

6 Möhren
3 säuerliche Äpfel
2 Kiwis, 2 Orangen
Mineralwasser

4 TL Leinsamen (frisch geschrotet)
2 TL Weizenkeimöl
2 EL Mandelmus (Reformhaus)
2 EL Apfeldicksaft (Reformhaus)

1 Die Möhren und das Obst waschen und schälen.
2 Das Fruchtfleisch von Äpfeln, Kiwis und Orangen klein schneiden, dabei von den Äpfeln die Kerngehäuse entfernen.
3 Das Fruchtfleisch entsaften oder im Mixer fein pürieren.
4 Mit Mineralwasser auffüllen, mit Leinsamen, Öl, Mandelmus und Apfeldicksaft verquirlen.

Multivitamin-Morning-Starter

Pro Glas: 180 kcal · 2 g Eiweiß
2 g Fett · 34 g Kohlenhydrate

Ihr Vitalstoff-Plus: Vitamin C und B_6
Für 4 Personen
Zubereitungszeit: ca. 10 Min.

4 Kiwis, 3 Orangen
2 säuerliche Äpfel (z. B. Cox Orange)
2 kleine Bananen

3 TL Kokosflocken
gekühltes Mineralwasser (nach Geschmack mit Aroma, z. B. Limette)

1 Das Obst waschen, schälen und in Stücke schneiden, dabei von den Äpfeln die Kerngehäuse entfernen.
2 Obst im Mixer fein pürieren, Kokosflocken unterrühren. Das Fruchtpüree mit Mineralwasser auffüllen.

Orangen-Heidelbeer-Lassi

Pro Glas: 120 kcal · 7 g Eiweiß
1 g Fett · 17 g Kohlenhydrate

Ihr Vitalstoff-Plus: Kalzium, Kalium
Für 4 Personen
Zubereitungszeit: ca. 5 Min.

3 Saftorangen
200 g Heidelbeeren (frisch oder TK-Ware)

3 TL Agavendicksaft
¾ l gekühlte Buttermilch, einige Eiswürfel

1 Die Orangen halbieren und die Früchte auspressen. Die Heidelbeeren verlesen, Tiefkühlware antauen lassen.
2 Mit dem Agavendicksaft mit Hilfe des Pürierstabs durchmixen.
3 Das Fruchtpüree mit der Buttermilch und einigen Eiswürfeln mischen.

Kirsch-Sanddorn-Shake

500 g Schattenmorellen (frisch oder 375 g TK-Ware)
4 EL Sanddornsaft (mit Honig gesüßt, Reformhaus)
2 EL frisch geschroteter Leinsamen
4 TL Vollkornhaferflocken (Instant)
1 Prise Zimtpulver
¾ l Kefir

1 Die Kirschen waschen und entsteinen, Tiefkühlware antauen lassen. Zwei Drittel der Kirschen mit Sanddornsaft, Leinsamen, Haferflocken und Zimt durchmixen.
2 Die restlichen Kirschen darunter mischen. Den Shake in vier Gläser füllen und mit Kefir auffüllen, verrühren und sofort genießen.

**Pro Glas: 200 kcal · 9 g Eiweiß
5 g Fett · 25 g Kohlenhydrate**

**Ihr Vitalstoff-Plus: Vitamin C, ballaststoffreich, Kalzium
Für 4 Personen
Zubereitungszeit: ca. 10 Min.**

Spicy hot chocolate

1 Stück Ingwer (ca. 2–3 cm)
1 Zimtstange, 1 Sternanis
1 Gewürznelke
1 l Magermilch (1,5 % Fett)
75 g Zartbitterschokolade (mind. 70 % Kakao)
4 TL Agavendicksaft

1 Den Ingwer schälen und grob zerkleinern. Ingwerstücke mit den Gewürzen und der Milch in einem Topf erwärmen.
2 Die Schokolade in Stücke brechen und in der heißen Milch schmelzen. Das Getränk mit Dicksaft abschmecken und die Gewürze entfernen.
3 Die heiße Schokolade mit dem Mixstab schaumig aufmixen, in vier Gläser füllen und sofort genießen.

**Pro Glas: 200 kcal · 10 g Eiweiß
6 g Fett · 24 g Kohlenhydrate**

**Ihr Vitalstoff-Plus: Kalzium
Für 4 Personen
Zubereitungszeit: ca. 15 Min.**

Heißer Mandel-Vanille-Shake

2 Vanilleschoten
1 l Vollmilch oder Sojamilch
4 EL Vollkornhaferflocken (Instant)
4 TL Mandelmus (Reformhaus)
½ TL abgeriebene Orangenschale
4 TL Agavendicksaft

1 Die Vanilleschoten der Länge nach aufschlitzen, das Mark herausschaben.
2 Vanilleschoten und -mark zusammen mit der Milch und den Haferflocken in einem Topf erhitzen.
3 Mandelmus und Orangenschale unterrühren. Die Milchmischung mit Dicksaft abschmecken und mit einem Pürierstab schaumig aufschlagen. Den Shake noch heiß in vier Gläser füllen und servieren.

**Pro Glas: 200 kcal · 9 g Eiweiß
11 g Fett · 16 g Kohlenhydrate**

**Ihr Vitalstoff-Plus: Kalzium, Magnesium, Mangan, Eisen
Für 4 Personen
Zubereitungszeit: ca. 5 Min.**

Drinks – die schnellen Energiespender

Kefir-Refresher

Pro Glas: 200 kcal · 9 g Eiweiß
4 g Fett · 30 g Kohlenhydrate

Ihr Vitalstoff-Plus: Kalium, Kalzium
Für 4 Personen
Zubereitungszeit: ca. 5 Min.

4 vollreife Birnen
Saft von 1 Zitrone
2 EL Birnendicksaft

1 Prise Zimtpulver
4 TL Weizenkeime (Reformhaus)
¾ l gekühlter Kefir

1 Die Birnen waschen und schälen, dabei die Kerngehäuse entfernen. Die Birnenstücke zusammen mit Zitronensaft, Birnendicksaft, Zimt und Weizenkeimen fein pürieren.

2 Das Fruchtpüree mit gekühltem Kefir auffüllen, in vier Gläser gießen und sofort genießen.

Buttermilch-Sesam-Smoothie

Pro Glas: 90 kcal · 7 g Eiweiß
2 g Fett · 9 g Kohlenhydrate

Ihr Vitalstoff-Plus: Kalzium, Kalium
Für 4 Personen
Zubereitungszeit: ca. 10 Min.

2 TL Sesamsamen
1 Salatgurke
Saft von 1 Zitrone

Jodsalz, Pfeffer
¾ l gekühlte Buttermilch
½ Bund Dill

1 Die Sesamsamen in einer Pfanne ohne Zugabe von Fett rösten, bis sie zu duften anfangen, abkühlen lassen. Gurke schälen, grob zerkleinern und fein pürieren.

2 Das Gurkenpüree mit Zitronensaft, Salz, Pfeffer und Buttermilch verrühren. Den Dill abspülen, fein hacken und unterrühren.

3 Smoothie in vier Gläser verteilen, Sesam darüber streuen und sofort genießen.

Kirsch-Joghurt-Drink

Pro Glas: 200 kcal · 11 g Eiweiß
3 g Fett · 28 g Kohlenhydrate

Ihr Vitalstoff-Plus: Vitamin C, Kalium, Kalzium, Eisen
Für 4 Personen
Zubereitungszeit: ca. 10 Min.

2 EL gehobelte Haselnüsse
500 g Sauerkirschen (ersatzweise 375 g TK-Ware)
2 EL Sanddornsaft (mit Honig gesüßt, Reformhaus)

4 EL Vollkornhaferflocken (Instant)
einige Eiswürfel
750 g kalorienreduzierter Vanillejoghurt (0,2 % Fett)

1 Die Haselnüsse in einer Pfanne ohne Zugabe von Fett rösten, bis sie zu duften anfangen, abkühlen lassen.

2 Die Kirschen waschen, entsteinen, Tiefkühlware antauen lassen. Zwei Drittel der Kirschen mit Sanddornsaft und Haferflocken fein pürieren.

3 Das Fruchtpüree mit den restlichen Kirschen, den Eiswürfeln und dem Joghurt durchmixen.

Tomaten-Booster

2 rote oder gelbe Paprikaschoten
1 Salatgurke
¾ l gekühlter Tomatensaft
Jodsalz
3–4 Spritzer Tabasco
½ Bund Basilikum
4 TL Weizenkeimöl
2 EL Kleieflocken

1 Paprikaschoten und die Gurke waschen und mit einem Sparschäler schälen.
2 Das Gemüse mit Tomatensaft, Salz, Tabasco, gewaschenen Basilikumblättchen, Öl und Kleieflocken in einen Mixer geben und durchmixen.
3 Den Booster nochmals abschmecken, in vier Gläser füllen und sofort genießen.

Pro Glas: 100 kcal · 4 g Eiweiß
5 g Fett · 9 g Kohlenhydrate

Ihr Vitalstoff-Plus: Vitamin E und C, Karotin, Kalium
Für 4 Personen
Zubereitungszeit: ca. 5 Min.

Pikanter Avocado-Creamer

1 Stück Ingwer (ca. 2–3 cm)
3 kleine vollreife Avocados
Saft von 1 Zitrone
250 ml gekühlte Milch (1,5 % Fett)
100 ml Mineralwasser
Jodsalz, Tabasco

1 Ingwer schälen und fein hacken, die Avocados halbieren und schälen, die Steine entfernen.
2 Ingwer und Avocado mit Zitronensaft fein pürieren, die Milch untermixen.
3 Die Ingwer-Avocado-Milch mit dem Mineralwasser auffüllen. Den Creamer mit Salz und Tabasco abschmecken, in vier Gläser füllen und sofort genießen.

Pro Glas: 270 kcal · 4 g Eiweiß
26 g Fett · 4 g Kohlenhydrate

Ihr Vitalstoff-Plus: Vitamin E, D und B_6, Mangan, Biotin, ungesättigte Fettsäuren
Für 4 Personen
Zubereitungszeit: ca. 10 Min.

Gemüse-Fitness-Cocktail

1 Salatgurke, 2 Kohlrabis
1 Bund Staudensellerie
500 g Möhren
1 Bund Petersilie
Jodsalz, Tabasco
Worcestersauce
50 g gesalzene, geröstete Erdnüsse
2 TL Weizenkeimöl

1 Das Gemüse waschen, putzen und grob zerkleinern, Petersilie abspülen und die Blättchen abzupfen. Vorbereitetes Gemüse entsaften, mit Salz und Saucen abschmecken.
2 Fein gehackte Erdnüsse, Keimöl und Petersilie zugeben und alles nochmals durchmixen.

Pro Glas: 190 kcal · 9 g Eiweiß
9 g Fett · 17 g Kohlenhydrate

Ihr Vitalstoff-Plus: Vitamin E und A, ungesättigte Fettsäuren
Für 4 Personen
Zubereitungszeit: ca. 10 Min.

Salate – die gesunden Sattmacher

Rucola-Champignon-Salat (Foto)

1 Knoblauchzehe
4 EL Zitronensaft
Jodsalz
Zitronenpfeffer
1 EL Apfeldicksaft (Reformhaus)
3 EL Olivenöl
500 g Champignons
100 g Rucola
100 g Kirschtomaten
2 Scheiben Vollkorntoast
50 g Schinkenspeck
1 Bund glatte Petersilie

1 Die Knoblauchzehe abziehen und zerdrücken. Mit Zitronensaft, Salz, Pfeffer, Apfeldicksaft und 2 Esslöffel Olivenöl zu einer Marinade verrühren.

2 Champignons putzen, Rucola und Kirschtomaten waschen. Die Champignons in Scheiben schneiden und diese sofort in die Marinade geben. Rucola klein zupfen, Tomaten halbieren und beides mit der Pilzmarinade vermengen.

3 Restliches Öl in einer Pfanne erhitzen. Toastscheiben würfeln, Schinkenspeck in Streifen schneiden und alles in der Pfanne rösten.

4 Toastwürfel und Schinkenstreifen auf dem Salat verteilen, diesen mit gewaschener und klein gehackter Petersilie bestreuen.

Pro Portion:
260 kcal
7 g Eiweiß
19 g Fett
10 g Kohlenhydrate

Ihr Vitalstoff-Plus: Niacin, Folsäure, Karotin
Für 4 Personen
Zubereitungszeit: ca. 30 Min.

Bunter Pfifferlingssalat

400 g Pfifferlinge
4 EL Olivenöl
Jodsalz
Zitronenpfeffer
2 EL Zitronensaft
1 Bund glatte Petersilie
1 Schalotte
1 Eichblattsalat
4 Tomaten
2 EL geriebener Parmesan

1 Die Pfifferlinge putzen. 1 Esslöffel Olivenöl erhitzen, die Pilze darin 5 Minuten braten. Pilze salzen und pfeffern.

2 Das restliche Öl mit Salz, Pfeffer und Zitronensaft verrühren. Petersilie waschen, Schalotte abziehen, beides fein hacken und in das Dressing geben.

3 Die einzelnen Salatblätter und die Tomaten waschen. Tomaten vierteln, dabei die Stielansätze entfernen. Salatblätter auf eine Platte geben, Tomatenviertel und Pilze darauf anrichten.

4 Das Dressing über den Salat träufeln, diesen mit Parmesan bestreuen.

Pro Portion:
150 kcal
5 g Eiweiß
11 g Fett
3 g Kohlenhydrate

Ihr Vitalstoff-Plus: Karotin, ballaststoffreich
Für 4 Personen
Zubereitungszeit: ca. 20 Min.

Salate – die gesunden Sattmacher

Reissalat mit Garnelen

Pro Portion:
290 kcal
16 g Eiweiß
5 g Fett
42 g Kohlenhydrate

Ihr Vitalstoff-Plus: Jod, Zink
Für 4 Personen
Zubereitungszeit: ca. 30 Min.

150 g Vollkornreis
Jodsalz
150 g Joghurt (3,5 % Fett)
2 EL Sahnemeerrettich (aus dem Glas)
1 EL Zitronensaft
1 TL Apfeldicksaft (Reformhaus)
Pfeffer
je ½ Bund Dill und Lauchzwiebeln
1 Apfel
200 g geschälte Nordseekrabben (Garnelen)

1 Den Vollkornreis in Salzwasser nach Packungsangabe gar kochen. Joghurt, Sahnemeerrettich und Zitronensaft verrühren. Mit Apfeldicksaft, Salz und Pfeffer würzen. Den Dill waschen, hacken und unter das Dressing heben.

2 Die Lauchzwiebeln waschen und in Ringe schneiden. Den Apfel waschen und fein würfeln, dabei das Kerngehäuse entfernen. Zwiebelringe und Apfelwürfel zusammen mit den geputzten Krabben in das Dressing geben.

3 Den Reis kalt abspülen, abtropfen lassen und unterheben. Den Salat nochmals abschmecken.

Chinesischer Glasnudelsalat

Pro Portion:
170 kcal
11 g Eiweiß
5 g Fett
27 g Kohlenhydrate

Ihr Vitalstoff-Plus: Vitamin C, Folsäure
Für 4 Personen
Zubereitungszeit: ca. 30 Min.

100 g Glasnudeln
150 g Hähnchenbrustfilet
Jodsalz, 2 EL Sojaöl
2 Knoblauchzehen
1 Stück Ingwer (ca. 2–3 cm)
1 rote Chilischote
Saft von 1 Limette
5 EL dunkle Sojasauce
1 Bund Lauchzwiebeln
2 Möhren

1 Die Glasnudeln mit kochendem Wasser überbrühen, auf einem Sieb abtropfen lassen. Das Hähnchenfilet abspülen und trockentupfen.

2 Das Sojaöl erhitzen. Hähnchenfilet darin rundherum anbraten, salzen, herausnehmen und in dünne Scheiben schneiden.

3 Knoblauch abziehen, Ingwer schälen, Chilischote längs aufschlitzen und die Kerne entfernen. Knoblauch und Ingwer in feine Würfel, Chilihälften in Streifen schneiden (Achtung! Danach gleich die Hände waschen!). Zusammen mit Limettensaft und Sojasauce zum Bratfond geben, verrühren. Fond nochmals kurz aufkochen.

4 Glasnudeln mit Hähnchenfleisch mischen, in dem Fond marinieren. Lauchzwiebeln und Möhren waschen, putzen, in hauchdünne Streifen schneiden und unter den Salat heben.

Spargelsalat mit Räucherlachs

1 kg weißer Spargel
Jodsalz
4 Stängel Basilikum
4 EL Zitronensaft
1 TL Agavendicksaft

Zitronenpfeffer
1 Prise Piment
3 EL Olivenöl
1 unbehandelte Zitrone
200 g Räucherlachs

1 Die Spargelstangen waschen und schälen. Spargel in 5 Zentimeter lange Stücke schneiden, in Salzwasser 10 Minuten kochen.
2 Inzwischen das Basilikum abspülen, die Blätter in Streifen schneiden. Mit Zitronensaft, Agavendicksaft, Salz, Pfeffer, Piment und Olivenöl zu einer Marinade verrühren. Die Zitrone heiß abwaschen, Schale abreiben und zur Marinade geben. Die Zitrone in Scheiben schneiden.
3 Die Spargelstücke zusammen mit dem Räucherlachs auf einer Platte anrichten, die Marinade darüber träufeln. Den Salat vor dem Servieren mindestens 20 Minuten durchziehen lassen, mit den Zitronenscheiben garnieren.

> **Pro Portion:**
> 210 kcal
> 18 g Eiweiß
> 10 g Fett
> 12 g Kohlenhydrate
>
> Ihr Vitalstoff-Plus: Kalium, Niacin
> Für 4 Personen
> Zubereitungszeit: ca. 30 Min.
> Marinierzeit: ca. 20 Min.

Italienischer Kartoffelsalat mit Scampi

400 g kleine neue Kartoffeln
Jodsalz, 4 Knoblauchzehen
4 EL Olivenöl
200 g geschälte Scampi, Pfeffer
5 Zweige Thymian

1 Bund glatte Petersilie
4 EL Rotweinessig
4 Tomaten
1 Zucchino (ca. 300 g)
100 g grüne Oliven, entsteint

1 Die Kartoffeln in wenig Salzwasser mit der Schale kochen, pellen und die Kartoffeln in Scheiben schneiden.
2 Knoblauchzehen abziehen. Olivenöl erhitzen. Die Scampi und die Knoblauchzehen darin 3 Minuten anbraten. Salzen, pfeffern und mit den Kartoffelscheiben mischen.
3 Thymian und Petersilie waschen, einige Blättchen zurückbehalten. Kräuter mit Essig und dem Bratfond pürieren, salzen und pfeffern. Das Dressing über die Kartoffeln geben und den Salat vor dem Servieren mindestens 15 Minuten durchziehen lassen.
4 Tomaten und Zucchino waschen, putzen und in dünne Scheiben schneiden. Vier Teller damit auslegen, mit Salz und Pfeffer bestreuen. Die Kartoffel-Scampi-Mischung sowie die Oliven darauf anrichten. Den Salat mit den restlichen Kräutern garnieren.

> **Pro Portion:**
> 280 kcal
> 15 g Eiweiß
> 14 g Fett
> 20 g Kohlenhydrate
>
> Ihr Vitalstoff-Plus: Karotin
> Für 4 Personen
> Zubereitungszeit: ca. 45 Min.
> Marinierzeit: ca. 15 Min.

Salate – die gesunden Sattmacher

Bohnen-Thunfisch-Salat

Pro Portion:
310 kcal
21 g Eiweiß
11 g Fett
26 g Kohlenhydrate

Ihr Vitalstoff-Plus: Magnesium, Folsäure, ballaststoffreich
Für 4 Personen
Zubereitungszeit: ca. 40 Min.
Marinierzeit: ca. 20 Min.

500 g grüne Bohnen (frisch oder TK-Ware)
Jodsalz
2 Zwiebeln
2 Tomaten
1 Dose weiße Bohnen (Einwaage 250 g)
1 Dose Thunfisch naturell (Einwaage 150 g)
1 Bund glatte Petersilie
3 EL Estragonessig
1 EL Senf
1 Prise Piment
3 EL Olivenöl
100 g schwarze Oliven, entsteint

1 Die grünen Bohnen putzen und waschen, Tiefkühlware auftauen lassen. Bohnen in Salzwasser 15 Minuten kochen, abtropfen lassen. Zwiebeln abziehen, Tomaten waschen, beides in Scheiben schneiden. Weiße Bohnen und Thunfisch abtropfen lassen. Petersilie waschen und fein hacken. Alle Zutaten vermischen.

2 Aus Essig, Senf, Salz, Piment und Olivenöl ein Dressing rühren, dieses mit den Zutaten mischen.

3 Den Salat vor dem Servieren mindestens 20 Minuten ziehen lassen, mit den Oliven garnieren.

Artischocken-Löwenzahn-Salat

Pro Portion:
230 kcal
11 g Eiweiß
15 g Fett
11 g Kohlenhydrate

Ihr Vitalstoff-Plus: Karotin, ballaststoffreich
Für 4 Personen
Zubereitungszeit: ca. 20 Min.

2 Knoblauchzehen
1 Schalotte
4 EL Olivenöl
100 g Katenschinken, gewürfelt
200 g Löwenzahn (ersatzweise Rucola)
200 g eingelegte Artischockenherzen
1 rote Paprikaschote
4 EL Rotweinessig
Jodsalz
1 Prise Piment
3–5 Tropfen Tabasco
1 Bund Schnittlauch

1 Knoblauch und Schalotte abziehen und fein würfeln. Das Olivenöl in einer Pfanne erhitzen. Knoblauch-, Schalotten- und Schinkenwürfel darin anbraten, herausnehmen und abkühlen lassen.

2 Löwenzahnblätter waschen, klein schneiden und eine Platte damit belegen. Artischockenherzen abtropfen lassen und darauf verteilen. Paprikaschote waschen und fein würfeln, zusammen mit dem Schinken-Knoblauch-Gemisch über die Löwenzahnblätter streuen.

3 Essig und Gewürze mit dem Bratfond verrühren. Schnittlauch waschen, in Röllchen schneiden und dazugeben. Den Salat mit der Marinade beträufeln.

Radicchio-Orangen-Salat

1 Avocado
4 kleine Radicchio
2 Orangen
3 EL Weißweinessig
Jodsalz
¼ TL Garam masala
3 EL Weizenkeimöl
1 TL Chiliöl
50 g Radieschensprossen

1 Die Avocado schälen, halbieren, dabei den Stein entfernen und die Frucht in feine Spalten schneiden. Radicchio waschen und in Streifen schneiden. Orangen schälen, filetieren, dabei den Saft auffangen. Den Orangensaft mit Essig, Gewürzen und den beiden Ölen verrühren. Radieschensprossen abspülen.

2 Die Avocadospalten zusammen mit den Orangenfilets auf dem Radicchio anrichten. Den Salat mit den Sprossen bestreuen und mit der Marinade übergießen.

Pro Portion:
270 kcal
4 g Eiweiß
20 g Fett
16 g Kohlenhydrate

Ihr Vitalstoff-Plus: Kalium, Folsäure, mehrfach ungesättigte Fettsäuren
Für 4 Personen
Zubereitungszeit: ca. 20 Min.

Salate – die gesunden Sattmacher

Möhrensalat mit Mandelpesto (Foto)

500 g Möhren
500 g Zucchini
1 unbehandelte Zitrone
Jodsalz
30 g Mandelkerne

1 Bund Basilikum
50 g geriebener Parmesan
2 EL Weizenkeimöl
Pfeffer

Pro Portion:
200 kcal
8 g Eiweiß
13 g Fett
11 g Kohlenhydrate

Ihr Vitalstoff-Plus: Karotin
Für 4 Personen
Zubereitungszeit: ca. 40 Min.

1 Möhren und Zucchini waschen, schälen und der Länge nach in schmale Streifen schneiden. Zitrone heiß abwaschen, Schale abreiben, Zitrone halbieren und eine Hälfte auspressen.

2 Salzwasser mit 1 Esslöffel Zitronensaft aufkochen, das vorbereitete Gemüse darin 3 Minuten blanchieren. Gemüse herausheben, dabei das Kochwasser auffangen. Das Basilikum abspülen.

3 2 Esslöffel Zitronensaft und 1 Esslöffel -schale mit Mandeln, Basilikum (einige Blättchen zurückbehalten), Parmesan und Keimöl fein pürieren. Dieses mit 2 bis 3 Esslöffeln des Gemüsewassers zu einem sämigen Pesto verrühren. Mit Salz und Pfeffer kräftig abschmecken.

3 Möhren- und Zucchinistreifen in einer Schüssel mit dem Pesto vermischen und den Salat mit Basilikumblättchen garnieren.

Blutorangen-Chicorée-Salat

3 Blutorangen
300 g Chicorée
75 g Feldsalat
4 EL Himbeeressig
1 EL Agavendicksaft

Jodsalz
1 Prise Kardamom
1 Prise Zimtpulver
3 EL Walnussöl
50 g gehackte Walnüsse

Pro Portion:
250 kcal
4 g Eiweiß
15 g Fett
22 g Kohlenhydrate

Ihr Vitalstoff-Plus: Folsäure, mehrfach ungesättigte Fettsäuren
Für 4 Personen
Zubereitungszeit: ca. 30 Min.

1 Die Orangen schälen, filetieren, dabei den Saft auffangen. Von den Chicoréestauden den harten Strunk entfernen. Chicoréeblätter und Feldsalat waschen, Chicorée in Streifen schneiden. Salate mit den Orangenfilets mischen.

2 Aus Orangensaft, Himbeeressig, Agavendicksaft, Gewürzen und Walnussöl ein Dressing rühren und den Salat damit beträufeln. Die Walnüsse in einer Pfanne ohne Zugabe von Fett kurz anrösten und den Salat damit bestreuen.

Salate – die gesunden Sattmacher

Bohnensalat mit Schafskäse

Pro Portion:
320 kcal
15 g Eiweiß
21 g Fett
16 g Kohlenhydrate

Ihr Vitalstoff-Plus: Eisen, Niacin, Kalzium
Für 4 Personen
Zubereitungszeit: ca. 40 Min.

300 g dicke Bohnen (frisch oder TK-Ware)
Jodsalz
1 Kopf Endiviensalat
2 rote Zwiebeln
200 g Schafskäse
5 EL Kräuteressig
1 EL Apfeldicksaft (Reformhaus)
Pfeffer
4 EL Olivenöl
100 g schwarze Oliven, entsteint

1 Bohnen putzen und waschen, Tiefkühlware auftauen. Die Bohnen in Salzwasser 25 Minuten garen, abgießen. Endiviensalat waschen und in feine Streifen, Zwiebeln abziehen und in Ringe schneiden.

2 Endivienstreifen und Zwiebelringe zusammen mit den Bohnen auf einer Platte anrichten.

3 Schafskäse würfeln, über den Salat geben. Aus Kräuteressig, Apfeldicksaft, Salz, Pfeffer und Olivenöl ein Dressing rühren und über den Salat geben.

4 Den Salat mit den Oliven garnieren.

Friséesalat mit Harzer Käse

Pro Portion:
160 kcal
17 g Eiweiß
8 g Fett
5 g Kohlenhydrate

Ihr Vitalstoff-Plus: Niacin, Vitamin C
Für 4 Personen
Zubereitungszeit: ca. 15 Min.

1 Friséesalat
2 Bund Radieschen
2 rote Zwiebeln
2 Gewürzgurken
3 EL Gurkensud (aus dem Glas)
3 EL Sonnenblumenöl
Jodsalz
1 TL Kümmel
Pfeffer
200 g Harzer Käse

1 Den Friséesalat waschen und in Stücke zupfen. Radieschen waschen, putzen und vierteln. Zwiebeln abziehen und in Ringe, Gewürzgurken in Scheiben schneiden. Alle Zutaten vermischen.

2 Aus Gurkensud, Sonnenblumenöl, Salz, Kümmel und Pfeffer ein Dressing rühren, dieses über den Salat geben.

3 Den Harzer Käse in dünne Scheiben schneiden und auf dem Salat anrichten.

Weizensalat mit Ziegengouda

75 g Ebly (vorgegarter Weizen)
100 ml Gemüsebrühe (Instant)
1 kleine rote Chilischote
1 Knoblauchzehe
5 EL Olivenöl
5 Salbeiblätter
3 EL Balsamessig
1 Prise Piment, Jodsalz
2 gelbe Paprikaschoten
1 Römersalat
1 Bund Schnittlauch
200 g Ziegengouda

1 Den Weizen in der Gemüsebrühe 10 Minuten garen, auf einem Sieb abtropfen lassen.
2 Die Chilischote längs aufschlitzen, die Kerne entfernen und die Schotenhälften in feine Streifen schneiden (Achtung! Danach gleich die Hände waschen!). Knoblauch abziehen und fein hacken. Olivenöl in einer Pfanne erhitzen. Chili, Knoblauch und Salbei anbraten, bis die Salbeiblätter knusprig sind. Salbeiblätter herausnehmen, zur Seite stellen. Aus Knoblauch-Öl, Essig und den Gewürzen eine Marinade rühren. Den Weizen hineingeben und 10 Minuten ziehen lassen.
3 Paprikaschoten und Salat waschen und in Streifen schneiden. Mit dem Weizen und der Marinade mischen. Schnittlauch waschen und in Röllchen, Käse in Würfel schneiden.
4 Die Käsewürfel über den Weizensalat geben und mit den Schnittlauchröllchen garnieren.

Pro Portion:
280 kcal
9 g Eiweiß
18 g Fett
5 g Kohlenhydrate

Ihr Vitalstoff-Plus: Karotin, Vitamin C, Kalzium
Für 4 Personen
Zubereitungszeit: ca. 45 Min.

Krautsalat mit Kasseler

750 g Weißkohl
2 rote Paprikaschoten
2 Zwiebeln
3 EL Kräuteressig
½ TL Piment, Jodsalz
100 g Crème fraîche
2 EL Senf
1 Pck. 8-Kräuter-Mischung (TK-Ware)
Pfeffer
100 g Kasseler, geschnitten

1 Den Weißkohl sehr fein hobeln, waschen. Paprikaschoten waschen, Zwiebeln abziehen und beides in Ringe schneiden. Vorbereitetes Gemüse mit Essig, Piment und Salz vermischen und 1 Stunde marinieren.
2 Crème fraîche mit Senf und Kräutern verrühren, salzen und pfeffern.
3 Vom Weißkohl eventuell etwas Flüssigkeit abgießen. Das Dressing unter den Salat mischen, das Kasseler darauf anrichten.

Pro Portion:
180 kcal
9 g Eiweiß
12 g Fett
13 g Kohlenhydrate

Ihr Vitalstoff-Plus: Vitamin C, Karotin
Für 4 Personen
Zubereitungszeit: ca. 1 Std.
Marinierzeit: ca. 1 Std.

Salate – die gesunden Sattmacher

Pro Portion:
190 kcal
8 g Eiweiß
14 g Fett
4 g Kohlenhydrate

Ihr Vitalstoff-Plus: Folsäure, Vitamin C, Karotin
Für 4 Personen
Zubereitungszeit: ca. 15 Min.

Spinatsalat mit Omelettstreifen

4 Eier
Jodsalz
1 Prise geriebene Muskatnuss
1 TL Butter

150 g junger Blattspinat
2 Fleischtomaten
je 3 EL Kräuteressig und Knoblauch-Olivenöl
Pfeffer, 1 Kästchen Kresse

1 Eier mit Salz und Muskat verquirlen. Butter in einer Pfanne zerlassen, die Eiermasse 2 Minuten darin stocken lassen, wenden und 1 Minute weitergaren. Das Omelett in Streifen schneiden.

2 Spinat waschen, die Stiele entfernen und die Blätter grob zerkleinern. Tomaten waschen und würfeln, dabei die Stielansätze entfernen. Tomatenwürfel mit dem Spinat mischen. Essig, Öl, Salz und Pfeffer verrühren. Die Kresse abschneiden, abspülen und unterrühren.

3 Das Dressing mit dem Salat mischen, die Omelettstreifen darauf anrichten.

Bohnensalat mit Pinienkernen

500 g grüne Bohnen
Jodsalz
2 EL Zitronensaft
2 EL Agavendicksaft
5 Pimentkörner
2 Gewürznelken
Pfeffer
2 große Birnen
1 kleiner Eisbergsalat
100 g saure Sahne (10 % Fett)
1 TL Currypulver
4 EL Pinienkerne

1 Die grünen Bohnen waschen, putzen und in Salzwasser 15 Minuten kochen. Zitronensaft mit Agavendicksaft, zerdrückten Gewürzen und Pfeffer verrühren. Birnen waschen, schälen und in Spalten schneiden, dabei die Kerngehäuse entfernen. Die Birnenspalten in die Marinade geben.
2 Die Bohnen abgießen, kalt abspülen und abtropfen lassen. Eisbergsalat waschen und in Streifen schneiden, mit den Bohnen auf einer Platte anrichten. Birnenspalten aus der Marinade heben und auf dem Salat verteilen.
3 Die Marinade mit der sauren Sahne und Curry verrühren und über den Salat träufeln. Die Pinienkerne ohne Zugabe von Fett in einer Pfanne rösten und über den Salat streuen.

> **Pro Portion:**
> 250 kcal
> 6 g Eiweiß
> 12 g Fett
> 30 g Kohlenhydrate
>
> Ihr Vitalstoff-Plus: Folsäure, ballaststoffreich
> Für 4 Personen
> Zubereitungszeit: ca. 30 Min.

Blumenkohlsalat mit Senf-Kapern-Dressing

je 1 Blumenkohl und Brokkoli
Jodsalz, geriebene Muskatnuss
2 Eier
2 EL Senf
1 EL Kapern
je 4 EL Weißweinessig und Weizenkeimöl
Pfeffer, 1 Bund Schnittlauch
8 Scheiben Pumpernickel

1 Blumenkohl und Brokkoli putzen, in Röschen teilen und diese waschen. Salzwasser mit Muskat in einem großen Topf aufkochen. Blumenkohlröschen 10 Minuten, Brokkoliröschen 5 Minuten darin kochen, abtropfen lassen.
2 Die Eier hart kochen. Senf mit Kapern, Weißweinessig, Weizenkeimöl, Salz und Pfeffer verquirlen.
3 Die Blumenkohl- und Brokkoliröschen auf einer Platte anrichten und mit dem Senf-Kapern-Dressing beträufeln. Hart gekochte Eier würfeln, Schnittlauch waschen und in Röllchen schneiden.
4 Den Salat mit Eiwürfeln und Schnittlauchröllchen bestreuen und mit Pumpernickeltalern servieren.

> **Pro Portion:**
> 220 kcal
> 12 g Eiweiß
> 13 g Fett
> 10 g Kohlenhydrate
>
> Ihr Vitalstoff-Plus: Vitamin C und E, ballaststoffreich
> Für 4 Personen
> Zubereitungszeit: ca. 40 Min.

Vorspeisen – mal raffiniert, mal herzhaft

Mozzarella auf marinierten Zwetschgen (Foto)

300 g Zwetschgen
1 EL Pflaumenwein
2 EL Zitronensaft
1 EL Apfeldicksaft (Reformhaus)
Pfeffer
1 Prise Kardamom
2 EL Pistazien
125 g Mozzarella

1 Die Zwetschgen waschen und halbieren, dabei entsteinen. Früchte mit Pflaumenwein beträufeln. Aus Zitronensaft, Apfeldicksaft und Gewürzen eine Marinade rühren.
2 Die Pistazien hacken. Den Mozzarella in 4 Scheiben schneiden. Die Käsescheiben zusammen mit den Zwetschgen auf vier Tellern anrichten, mit der Marinade beträufeln und mit den gehackten Pistazien bestreuen. Die Vorspeise vor dem Servieren noch einige Minuten durchziehen lassen.

Pro Portion:
170 kcal
7 g Eiweiß
9 g Fett
13 g Kohlenhydrate

Ihr Vitalstoff-Plus: Kalium
Für 4 Personen
Zubereitungszeit: ca. 20 Min.

Austernpilze auf Apfel-Schalotten-Kompott

250 g Austernpilze
1 Bund glatte Petersilie
2 EL Sonnenblumenöl
Jodsalz
grober Pfeffer
200 g Schalotten
2 Äpfel
1 TL Apfeldicksaft (Reformhaus)
1 EL Balsamessig
5 Zweige Thymian

1 Die Austernpilze putzen und in Streifen schneiden. Die Petersilie abspülen und die Blättchen abzupfen. Das Öl in einer Pfanne erhitzen. Die Pilze darin anbraten, herausnehmen, salzen, pfeffern und auf vier Tellern anrichten. Pilze mit Petersilie garnieren.
2 Schalotten abziehen, Äpfel waschen, beides achteln, dabei die Kerngehäuse der Äpfel entfernen. Schalotten- und Apfelstücke im Öl 5 Minuten anbraten. Apfeldicksaft, Essig und abgespülte Thymianblättchen zufügen und verrühren.
3 Das Apfel-Schalotten-Kompott salzen, pfeffern und mit den Pilzen anrichten.

Tipp Besonders edel und aromatisch schmeckt dieses Gericht, wenn Sie es mit frischen Steinpilzen zubereiten.

Pro Portion:
120 kcal
1 g Eiweiß
5 g Fett
11 g Kohlenhydrate

Ihr Vitalstoff-Plus: Kalium
Für 4 Personen
Zubereitungszeit: ca. 30 Min.

Vorspeisen – mal raffiniert, mal herzhaft

Forellenfilet auf Orangen

½ Eichblattsalat, 2 Orangen
2 EL Weizenkeimöl
200 g geräuchertes Forellenfilet

grober Pfeffer
4 TL Meerrettich (aus dem Glas)
4 Stiele Dill

Pro Portion:
190 kcal
19 g Eiweiß
5 g Fett
10 g Kohlenhydrate

Ihr Vitalstoff-Plus: Vitamin C
Für 4 Personen
Zubereitungszeit: ca. 15 Min.

1 Den Eichblattsalat waschen und die Blätter in mundgerechte Stücke zupfen. Die Orangen schälen und filetieren, dabei den Saft auffangen.

2 Vier Teller mit den Salatblättern und den Orangenfilets dekorativ auslegen, mit dem Orangensaft und Keimöl gleichmäßig beträufeln.

3 Die Forellenfilets zerteilen und auf dem Salat anrichten. Mit Pfeffer bestreuen. Auf jedes Filet etwas Meerrettich geben und das Gericht mit Dill garnieren.

Tipp Geräucherte Makrele oder Räucherlachs (aber nur ca. 150 Gramm) geben diesem Gericht eine neue geschmackvolle Note.

Scampi in Sherrymarinade

12 ausgelöste rohe Scampi (frisch oder TK-Ware)
1 EL Olivenöl
Jodsalz, Pfeffer
3 EL halbtrockener Sherry

½ kleine rote Chilischote
1 Knoblauchzehe
5 Zweige Estragon
½ Eisbergsalat

Pro Portion:
100 kcal
11 g Eiweiß
4 g Fett
4 g Kohlenhydrate

Ihr Vitalstoff-Plus: Jod
Für 4 Personen
Zubereitungszeit: ca. 40 Min.

1 Die Scampi abspülen und abtupfen, Tiefkühlware auftauen lassen. Das Olivenöl in einer Pfanne erhitzen und die Scampi darin 2 Minuten rundherum braten. Salzen und pfeffern, mit dem Sherry beträufeln.

2 Chilischote längs aufschneiden, entkernen. Die Hälften in sehr feine Streifen schneiden (Achtung! Danach gleich die Hände waschen!). Knoblauch abziehen und fein würfeln. Estragon und Eisbergsalat waschen.

3 Knoblauchwürfel und Estragonblättchen zu den Scampi geben und 5 Minuten durchziehen lassen. Den Salat klein schneiden, auf vier Teller verteilen und die Scampi darauf anrichten. Den Salat mit dem Bratfond beträufeln.

Tipp Probieren Sie dieses Rezept zur Abwechslung einmal mit 200 Gramm frischem Lachsfilet.

Grüner Spargel mit geräucherter Putenbrust

600 g grüner Spargel
Jodsalz
Saft von 1 Limette
1 EL Agavendicksaft
2 Stiele Zitronenmelisse
½ kleine rote Chilischote
grober Pfeffer
1 EL Olivenöl
4 dünne Scheiben geräucherte Putenbrust

Pro Portion:
100 kcal
9 g Eiweiß
4 g Fett
8 g Kohlenhydrate

Ihr Vitalstoff-Plus: Kalium
Für 4 Personen
Zubereitungszeit: ca. 30 Min.

1 Spargel waschen, die Enden abschneiden. Die Spargelstangen ungeschält 10 Minuten in Salzwasser kochen.

2 Inzwischen Limettensaft mit Agavendicksaft und gewaschenen Melisseblättchen verrühren. Die Chilischote längs aufschneiden, dabei entkernen und die Hälften in feine Streifen schneiden (Achtung! Danach gleich die Hände waschen!). Chilistreifen zu der Marinade geben, diese salzen, pfeffern und das Olivenöl unterschlagen.

3 Den Spargel abgießen und abtropfen lassen, auf vier Teller verteilen. Die Marinade über den noch warmen Spargel träufeln, je 1 Scheibe Putenbrust dazugeben und mit grobem Pfeffer bestreuen.

Vorspeisen – mal raffiniert, mal herzhaft

Gratinierter Brokkoli mit Kumquats

Pro Portion:
120 kcal
8 g Eiweiß
5 g Fett
10 g Kohlenhydrate

Ihr Vitalstoff-Plus: Folsäure, Karotin
Für 4 Personen
Zubereitungszeit: ca. 15 Min.

600 g Brokkoli
Jodsalz
100 g Kumquats (Miniorangen, ersatzweise Dosenware)
150 g Gorgonzola
1 Prise geriebene Muskatnuss
Pfeffer

1 Brokkoli putzen und in Röschen teilen, die Röschen waschen. Brokkoliröschen in Salzwasser 5 Minuten blanchieren. Die Kumquats gründlich waschen, Dosenware abtropfen lassen und die Früchte halbieren. Brokkoli abtropfen lassen und mit den halbierten Kumquats in eine Auflaufform schichten.

2 Den Gorgonzola zerbröckeln und über die Brokkoli-Kumquat-Mischung geben, mit Pfeffer und Muskat würzen. Die Mischung unter dem heißen Grill 2 bis 3 Minuten gratinieren.

Tipp Auch Fenchel oder Rosenkohl schmeckt auf diese Weise zubereitet köstlich.

Geschmorter Fenchel auf Grapefruit

Pro Portion:
90 kcal
3 g Eiweiß
6 g Fett
10 g Kohlenhydrate

Ihr Vitalstoff-Plus: Vitamin C und E
Für 4 Personen
Zubereitungszeit: ca. 15 Min.

2 Fenchelknollen
1 EL Sojaöl
1 EL Zitronensaft
1 EL Agavendicksaft
Jodsalz
1 TL Garam masala
1 rosa Grapefruit
3 Stiele Zitronenmelisse

1 Den Fenchel putzen, waschen und in Scheiben schneiden. Sojaöl in einer Pfanne erhitzen, Fenchelscheiben darin anbraten. Zitronensaft, Agavendicksaft, 3 Esslöffel Wasser und die Gewürze zugeben. Die Fenchelscheiben 7 bis 8 Minuten dünsten.

2 Inzwischen die Grapefruit schälen, die Frucht in Scheiben schneiden und auf einer Platte auslegen. Die Fenchelscheiben darauf anrichten.

3 Zitronenmelisse waschen, die Blättchen abzupfen und damit das Gericht garnieren.

Griechischer Gurkenteller

1 Salatgurke
150 g schwarze Oliven, entsteint
1 rote Paprikaschote
1 Bund glatte Petersilie
2 EL Olivenöl
200 g Magerquark
50 g saure Sahne
3 Knoblauchzehen
½ Bund Dill
Jodsalz
Pfeffer

Pro Portion:
60 kcal
7 g Eiweiß
10 g Fett
10 g Kohlenhydrate

Ihr Vitalstoff-Plus: Vitamin C
Für 4 Personen
Zubereitungszeit: ca. 15 Min.

1 Die Gurke gründlich waschen oder schälen, in Scheiben schneiden. Gurkenscheiben und Oliven auf vier Tellern anrichten.

2 Die Paprikaschote waschen, halbieren, dabei das Kerngehäuse entfernen und die Hälften sehr fein würfeln. Die Petersilie waschen, hacken und unter die Paprikawürfel mischen. Mit 1 Esslöffel Olivenöl vermischen und auf den Gurken und Oliven anrichten.

3 Quark, restliches Öl und saure Sahne glatt rühren. Knoblauch abziehen, Dill waschen, beides fein hacken und unter das Dressing heben.

4 Mit Salz und Pfeffer abschmecken und auf der Gurkenmischung anrichten.

Kapern-Bruschetta

2 daumendicke Scheiben Vollkornbrot
1 EL Olivenöl
2 Tomaten
2 TL Kapern
4 Sardellen
1 Prise Piment
3 Stiele Basilikum

Pro Portion:
100 kcal
5 g Eiweiß
3 g Fett
12 g Kohlenhydrate

Ihr Vitalstoff-Plus: Karotin
Für 4 Personen
Zubereitungszeit: ca. 10 Min.

1 Die Vollkornbrotscheiben halbieren und mit dem Olivenöl bestreichen. Brothälften in einer Pfanne ohne Zugabe von Fett knusprig rösten.

2 Tomaten waschen und halbieren, dabei die Stielansätze entfernen. Kapern, Sardellen und Tomatenhälften grob hacken, mischen und die Mischung auf den Broten verteilen.

3 Die Brote mit Piment würzen. Basilikum waschen, die Blättchen abzupfen und die Brote damit garnieren.

Suppen – frischer Geschmack zum Auslöffeln

Thai-Gemüse-Suppe (Foto)

1 Stück Ingwer (ca. 2–3 cm)
1 Knoblauchzehe
1 EL Sojaöl
2 Zucchini
1 Stange Lauch
2 Möhren
2 rote Paprikaschoten
150 g Champignons
500 g Brokkoli
1 EL Thai-Currypaste (Asialaden)
3/8 l Gemüsebrühe (Instant)
1 Dose Kokosmilch (425 ml, o. Z.)
2 Stängel Zitronengras (Asialaden)
2 Kaffir-Limettenblätter (Asialaden)
Jodsalz, Pfeffer
Sojasauce

Pro Portion:
330 kcal
11 g Eiweiß
22 g Fett
21 g Kohlenhydrate

Ihr Vitalstoff-Plus: Vitamin C, Karotin, Eisen
Für 4 Personen
Zubereitungszeit: ca. 25 Min.

1 Ingwer schälen, Knoblauch abziehen, beides fein hacken. Das Sojaöl in einer Pfanne erhitzen, Ingwer und Knoblauch darin anbraten. Gemüse waschen, putzen, klein schneiden und mit andünsten. Currypaste zugeben. Das Gemüse mit Gemüsebrühe und Kokosmilch ablöschen. Zitronengras und Limettenblätter zugeben.

2 Die Suppe bei schwacher Hitze ca. 15 Minuten kochen. Mit Salz, Pfeffer und Sojasauce abschmecken. Dazu passt körnig gekochter Basmatireis.

Chinakohlsuppe mit Glasnudeln

6 große getrocknete Shiitakepilze (ersatzweise 75 g frische Pilze)
50 g Glasnudeln
1 Chinakohl (ca. 1 kg)
1 l Hühnerbrühe (Instant)
Sojasauce, Chilisauce (Asialaden)

Pro Portion:
120 kcal
5 g Eiweiß
2 g Fett
21 g Kohlenhydrate

Ihr Vitalstoff-Plus: Kalium
Für 4 Personen
Zubereitungszeit: ca. 20 Min.
Einweichzeit: ca. 20 Min.

1 Die getrockneten Shiitakepilze mit kochendem Wasser überbrühen und ca. 20 Minuten einweichen. Frische Pilze putzen und klein schneiden. Die Glasnudeln nach Packungsangabe in heißem Wasser quellen lassen. Den Chinakohl putzen, in grobe Stücke schneiden und waschen.

2 Die Hühnerbrühe in einem großen Topf erhitzen. Abgetropfte, eingeweichte oder frische Pilze und Chinakohlstücke darin ca. 5 Minuten bei schwacher Hitze kochen.

3 Die Suppe mit Soja- und Chilisauce abschmecken. Glasnudeln zugeben, alles nochmals kurz erhitzen.

Suppen – frischer Geschmack zum Auslöffeln

Sauer-scharfe Asia-Gemüse-Suppe

Pro Portion:
170 kcal
6 g Eiweiß
4 g Fett
27 g Kohlenhydrate

Ihr Vitalstoff-Plus: Vitamin C, Kalium
Für 4 Personen
Zubereitungszeit: ca. 30 Min.

1 Stück Ingwer (ca. 2–3 cm), 1 Knoblauchzehe
1 EL Sojaöl
1 l Gemüsebrühe (Instant)
1 kleine rote Chilischote
100 g Champignons
je 1 grüne und rote Paprikaschote
1 Bund Lauchzwiebeln
1 Dose Bambussprossen (425 ml)
Jodsalz, Pfeffer
Saft von 1 Zitrone
50 g Glasnudeln, 75 g Sojasprossen
1 Bund Schnittlauch

1 Ingwer schälen, Knoblauch abziehen, beides klein schneiden. Sojaöl erhitzen, Ingwer und Knoblauch darin anbraten, mit Brühe ablöschen. Chilischote längs aufschneiden, entkernen und fein hacken. Pilze und Gemüse waschen, putzen und klein schneiden. Bambussprossen abtropfen lassen.

2 Das vorbereitete Gemüse in der Brühe garen. Suppe mit Salz, Pfeffer und Zitronensaft würzen. Die Glasnudeln nach Packungsangabe in heißem Wasser quellen lassen, abgießen und zusammen mit den Sojasprossen in vier tiefe Suppenschälchen verteilen. Schnittlauch waschen, in Röllchen schneiden und darüber verteilen. Die Suppe darauf füllen.

Geflügel-Kokos-Suppe

Pro Portion:
310 kcal
30 g Eiweiß
15 g Fett
14 g Kohlenhydrate

Ihr Vitalstoff-Plus: Karotin, Vitamin C, Niacin
Für 4 Personen
Zubereitungszeit: ca. 30 Min.

1 Stück Ingwer (ca. 2–3 cm)
1 Knoblauchzehe
je 400 ml Kokosmilch, ungesüßt und Geflügelfond (aus dem Glas)
1 EL milde Thai-Currypaste (Asialaden)
2 Stängel Zitronengras (Asialaden)
2 Kaffir-Limettenblätter (Asialaden)
je 2 Zwiebeln, Zucchini und rote Paprikaschoten
1 Fenchelknolle
150 g Champignons
400 g Hähnchenbrustfilet
Sojasauce

1 Ingwer schälen, Knoblauch abziehen, beides fein hacken. Kokosmilch mit Geflügelfond erhitzen. Ingwer und Knoblauch zusammen mit Currypaste, zerdrücktem Zitronengras und Limettenblättern ca. 5 Minuten bei schwacher Hitze darin kochen.

2 Das Gemüse waschen, putzen und klein schneiden. Hähnchenfilet abspülen, trockentupfen und in Streifen schneiden, in der Kokosmilch ca. 2 Minuten garen.

3 Vorbereitetes Gemüse zugeben und alles einmal aufkochen. Die Suppe bei schwacher Hitze weitere 10 Minuten kochen, mit Sojasauce abschmecken. Zitronengras und Limettenblätter entfernen. Dazu passt Basmatireis.

Grüne Minestrone mit knusprigen Speckstreifen

100 g magerer Frühstücksspeck
1 Knoblauchzehe, 2 Zwiebeln
1 Stange Lauch, 2 kleine Kohlrabis
je ½ Knollensellerie und ½ Stange Staudensellerie
300 g grüne Brechbohnen
500 g Brokkoli
1 l Gemüsebrühe (Instant)
Jodsalz, Pfeffer
1 kleine Dose große weiße Bohnenkerne (425 ml)
100 g Bulgur (grober Weizenschrot)

1 Den Speck in feine Streifen schneiden. Speckstreifen in einem Suppentopf ohne Zugabe von Fett knusprig auslassen, herausnehmen. Knoblauch und Zwiebeln abziehen, fein hacken und im Speckfett anbraten.

2 Das restliche Gemüse waschen, putzen und klein schneiden. Das Gemüse bis auf die Brokkoliröschen mit in den Topf geben und kurz anbraten. Mit Gemüsebrühe auffüllen, würzen und ca. 10 Minuten kochen.

3 Die Bohnenkerne abspülen. Bulgur und Bohnenkerne zum Gemüse geben und bei schwacher Hitze weitere 20 Minuten kochen. Nach ca. 10 Minuten die Brokkoliröschen zugeben, die Minestrone fertig garen.

4 Die Minestrone nochmals abschmecken und mit den Speckstreifen anrichten.

Pro Portion:
580 kcal
30 g Eiweiß
22 g Fett
65 g Kohlenhydrate

Ihr Vitalstoff-Plus: Vitamin B_1, Zink
Für 4 Personen
Zubereitungszeit: ca. 40 Min.

Griechischer Weißkohleintopf mit Fleischklößchen

1 Knoblauchzehe
500 g mageres Hackfleisch (z.B. vom Lamm)
3 EL Magerquark
Jodsalz, Pfeffer
½ TL Zimtpulver
3 EL Vollkornpaniermehl
2 EL Sonnenblumenöl
3 Zwiebeln
1 kleiner Weißkohl (ca. 750 g)
etwas frischer Oregano
750 ml Gemüsebrühe (Instant)
1 kleine Dose Tomaten (450 ml)

1 Knoblauch abziehen und fein hacken. Knoblauch mit Hackfleisch, Magerquark, Salz, Pfeffer, Zimt, und Paniermehl zu einem glatten Teig kneten. Aus dem Teig kleine Klöße formen.

2 Das Öl erhitzen, die Klöße darin rundherum braun anbraten, herausnehmen.

3 Zwiebeln abziehen und in Spalten schneiden. Weißkohl putzen, waschen und klein schneiden. Zwiebelspalten und Weißkohl im Bratfett andünsten, würzen. Mit Gemüsebrühe ablöschen und bei schwacher Hitze ca. 30 Minuten kochen. Tomaten zugeben und den Eintopf bei schwacher Hitze weitere 15 Minuten kochen.

4 Die Fleischklößchen in den Eintopf geben, nochmals kurz erhitzen und abschmecken.

Pro Portion:
370 kcal
29 g Eiweiß
23 g Fett
13 g Kohlenhydrate

Ihr Vitalstoff-Plus: Kalium, Magnesium, Eisen, Zink, Vitamin C
Für 4 Personen
Zubereitungszeit: ca. 50 Min.

Auberginencremesuppe mit weißen Bohnen und Thymian

Pro Portion:
410 kcal
27 g Eiweiß
10 g Fett
52 g Kohlenhydrate

Ihr Vitalstoff-Plus: Eisen, Kalium, Kalzium
Für 4 Personen
Zubereitungszeit: ca. 45 Min.

1 Knoblauchzehe
2 Zwiebeln
2 EL Olivenöl
1 kg Auberginen
Jodsalz
Pfeffer
etwas frischer oder getrockneter Thymian
Saft von 1 Zitrone
½ l Gemüsebrühe (Instant)
100 g Schlagsahne
1 Dose stückige Tomaten (425 g)
1 Dose große weiße Bohnenkerne (425 ml)

1 Knoblauch und Zwiebeln abziehen und fein würfeln. Olivenöl erhitzen und die Knoblauch- und Zwiebelwürfel darin anbraten. Auberginen waschen, würfeln und kurz mit anbraten. Mit Salz, Pfeffer, Thymian und Zitronensaft würzen. Das Gemüse mit Brühe und Sahne ablöschen und die Suppe bei mittlerer Hitze zugedeckt ca. 20 Minuten kochen.

2 Die Tomaten zur Suppe geben, würzen und alles fein pürieren, nach Bedarf noch etwas Brühe zugeben. Bohnenkerne abspülen und zur Suppe geben, diese bei schwacher Hitze weitere 10 Minuten kochen.

3 Die Cremesuppe vor dem Servieren nochmals mit Salz, Pfeffer und etwas Thymian abschmecken.

Lauchcremesuppe mit Kichererbsen und Parmesan

Pro Portion:
460 kcal
28 g Eiweiß
16 g Fett
49 g Kohlenhydrate

Ihr Vitalstoff-Plus: ballaststoffreich, Magnesium, Eisen, Zink
Für 4 Personen
Zubereitungszeit: ca. 40 Min.

1 großes Bund Suppengemüse
2 Stangen Lauch
1 EL Maiskeimöl
Jodsalz
Pfeffer
geriebene Muskatnuss
1 Lorbeerblatt
1 Dose Kichererbsen (850 ml)
¾ l Gemüsebrühe (Instant)
75 g Schlagsahne
100 g Parmaschinken (hauchdünn geschnitten)
50 g Parmesan (am Stück)

1 Suppengemüse und Lauch waschen, putzen und klein schneiden. Öl in einem großen Topf erhitzen und das vorbereitete Gemüse darin anbraten, würzen. Die Kichererbsen abspülen, die Hälfte zum Gemüse geben. Mit Gemüsebrühe und Sahne ablöschen. Die Suppe zugedeckt bei schwacher Hitze 20 Minuten kochen.

2 Das Gemüse in der Brühe fein pürieren und nochmals abschmecken. Die restlichen Kichererbsen zugeben und die Cremesuppe weitere 5 Minuten kochen.

3 Parmaschinken in Streifen schneiden, Parmesan grob reiben. Lauchcremesuppe mit Parmaschinkenstreifen und Parmesanlocken in vier Suppenteller verteilen.

Herzhafter Paprika-Sauerkraut-Eintopf

2 Zwiebeln
1 EL Sonnenblumenöl
600 g frisches Sauerkraut (ersatzweise 1 Dose, 850 g)
400 g ausgelöstes Kasselerfilet
750 ml Gemüsebrühe (Instant)
1 Lorbeerblatt
2 Wacholderbeeren
Jodsalz, Pfeffer
Paprikapulver, edelsüß
2 rote Paprikaschoten
100 g saure Sahne

Pro Portion:
270 kcal
26 g Eiweiß
14 g Fett
6 g Kohlenhydrate

Ihr Vitalstoff-Plus: Vitamin K und C
Für 4 Personen
Zubereitungszeit: ca. 40 Min.

1. Zwiebeln abziehen und fein hacken. Das Öl in einem großen Topf erhitzen und die Zwiebeln darin glasig dünsten. Das Sauerkraut zugeben und kurz mit andünsten. Das Kasseler zugeben, mit der Gemüsebrühe ablöschen. Die Gewürze zugeben und den Eintopf mit Salz, Pfeffer und Paprikapulver würzen. Den Eintopf zugedeckt bei schwacher Hitze 20 Minuten kochen.
2. Paprikaschoten waschen, putzen und klein schneiden, dabei die Kerngehäuse entfernen. Paprikastücke in den Eintopf geben und diesen bei schwacher Hitze weitere 10 Minuten kochen.
3. Das Fleisch herausnehmen und in Scheiben schneiden. Den Eintopf nochmals mit Salz, Pfeffer und Paprika abschmecken. Die saure Sahne unterrühren, dabei den Eintopf nicht mehr aufkochen!
4. Den Eintopf mit den Fleischscheiben anrichten. Dazu passt herzhaftes Vollkornbrot.

Wärmender Hühnereintopf mit Gartengemüse (Foto)

Pro Portion:
270 kcal
30 g Eiweiß
12 g Fett
11 g Kohlenhydrate

Ihr Vitalstoff-Plus: Vitamin C, B$_1$ und B$_2$, Karotin, Niacin
Für 4 Personen
Zubereitungszeit: ca. 40 Min.

1 Hähnchenbrust mit Haut und Knochen (ca. 450 g)
1 Zwiebel
1 l Gemüsebrühe (Instant)
1 Lorbeerblatt, 2 Pimentkörner
1 Gewürznelke
Jodsalz, Pfeffer
1 großes Bund Suppengemüse
500 g Brokkoli, 1 Kohlrabi
1 kleine rote Chilischote
1 unbehandelte Zitrone

1. Die Hähnchenbrust abspülen und trockentupfen. Zwiebel abziehen und in Spalten schneiden. Die Brühe in einen großen Topf geben, das Fleisch und die Zwiebelspalten darin aufkochen, die Gewürze zugeben. Den Hühnereintopf zugedeckt bei schwacher Hitze 25 Minuten kochen.
2. Inzwischen das Gemüse waschen, putzen und klein schneiden. Die Chilischote längs aufschneiden, dabei entkernen und die Hälften in feine Stücke schneiden. Gemüse- und Chilistücke zum Eintopf geben und diesen bei mittlerer Hitze weitere 10 Minuten kochen.
3. Das Fleisch herausheben, kurz abkühlen lassen und von Haut und Knochen lösen. Die Zitrone heiß abspülen, schälen und das Fruchtfleisch in Scheiben oder Schnitze schneiden. Das Hähnchenfleisch in Stücke schneiden, mit den Zitronenscheiben nochmals kurz im Eintopf erhitzen.
4. Den Eintopf abschmecken. Dazu passt körnig gekochter Basmatireis.

Fencheleintopf mit Hähnchen

Pro Portion:
480 kcal
54 g Eiweiß
23 g Fett
14 g Kohlenhydrate

Ihr Vitalstoff-Plus: Niacin, Magnesium, Eisen
Für 4 Personen
Zubereitungszeit: ca. 55 Min.

1 Bund Suppengemüse
1 kleines Suppenhuhn (ca. 900 g)
Jodsalz, 4 Pfefferkörner
1 Lorbeerblatt, 2 Pimentkörner
1 kg Fenchel
Pfeffer

1. Das Suppengemüse waschen, putzen und klein schneiden. Das Huhn abspülen und trockentupfen. Vorbereitetes Gemüse mit dem Huhn und ¾ Liter Wasser, Salz, Pfefferkörnern, Lorbeer und Piment in einem großen Topf aufkochen. Den Eintopf bei schwacher Hitze 35 Minuten kochen.
2. Fenchelknollen waschen, putzen und in Stücke schneiden. Zum Geflügel geben und den Eintopf bei schwacher Hitze weitere 10 Minuten kochen.
3. Das Huhn herausheben, etwas abkühlen lassen und von Haut und Knochen lösen. Fleisch in Stücke schneiden und diese wieder in den Eintopf geben. Den Eintopf nochmals abschmecken.

Suppen – frischer Geschmack zum Auslöffeln

Brokkolicreme mit geröstetem Sesam und Lachsstreifen

Pro Portion:
290 kcal
27 g Eiweiß
10 g Fett
21 g Kohlenhydrate

Ihr Vitalstoff-Plus: Kalium, Kalzium, Eisen, Zink
Für 4 Personen
Zubereitungszeit: ca. 30 Min.

2 EL Sesamsamen
400 g Kartoffeln (mehlig kochend)
1 EL Maiskeimöl
1 Zwiebel
¾ l Gemüsebrühe (Instant)

Jodsalz, Pfeffer
geriebene Muskatnuss
1 kg Brokkoli
75 g Schlagsahne
300 g Räucherlachs

1 Die Sesamsamen in einem großen Topf ohne Zugabe von Fett rösten, herausnehmen. Kartoffeln waschen, schälen und würfeln. Das Öl in dem Topf erhitzen, die Kartoffelwürfel darin anbraten. Zwiebel abziehen, hacken und zugeben. Das Gemüse mit der Brühe ablöschen, würzen und 5 Minuten kochen.

2 Den Brokkoli waschen, putzen, klein schneiden und zu den Kartoffeln geben. Die Suppe zugedeckt bei mittlerer Hitze weitere 10 Minuten kochen. Das Gemüse in der Brühe fein pürieren, Sahne zugeben.

3 Die Brokkolicreme nochmals abschmecken, mit den Sesamsamen und Räucherlachsstreifen servieren.

Kohlrabieintopf mit Fleischklößchen

Pro Portion:
440 kcal
40 g Eiweiß
16 g Fett
40 g Kohlenhydrate

Ihr Vitalstoff-Plus: Vitamin K, Eisen
Für 4 Personen
Zubereitungszeit: ca. 50 Min.
Abkühlzeit: ca. 30 Min.

75 g Bulgur (grober Weizenschrot)
1150 ml Gemüsebrühe (Instant)
400 g mageres Hackfleisch
1 Ei
Jodsalz, Pfeffer
1 TL Senf

1 Bund Suppengemüse
3 Kohlrabis
400 g Kartoffeln (vorwiegend fest kochend)
1 Lorbeerblatt
2 Pimentkörner

1 Den Bulgur in 150 Milliliter kochender Gemüsebrühe quellen lassen, abkühlen. Bulgur mit Hackfleisch, Ei, Salz, Pfeffer und Senf zu einer glatten Masse verkneten. Aus der Masse kleine Klößchen formen.

2 Das Suppengemüse waschen, putzen und klein schneiden. Kohlrabis und Kartoffeln waschen, schälen und in gleich große Würfel schneiden. Die restliche Brühe erhitzen, das vorbereitete Gemüse und die Gewürze zugeben. Den Eintopf salzen, pfeffern und bei schwacher Hitze weitere 15 Minuten kochen.

3 Fleischklößchen zum Eintopf geben, weitere 10 Minuten kochen, nochmals mit Salz und Pfeffer abschmecken.

Rote-Bete-Suppe mit Pumpernickel-Zitronen-Croûtons

500 g Kartoffeln (mehlig kochend)
1 kg Rote Bete
1 Zwiebel
2 EL Sonnenblumenöl
850 ml Gemüsebrühe (Instant)
Jodsalz
Pfeffer
etwas frischer Salbei
1 Lorbeerblatt
2 große Scheiben Pumpernickel
1 Knoblauchzehe
1 unbehandelte Zitrone
2 TL Butter
50 g Crème fraîche

Pro Portion:
370 kcal
7 g Eiweiß
17 g Fett
45 g Kohlenhydrate

Ihr Vitalstoff-Plus: Folsäure, Kalium, Eisen, Mangan
Für 4 Personen
Zubereitungszeit: ca. 40 Min.

1 Kartoffeln und Rote Bete waschen, schälen und fein würfeln. Zwiebel abziehen, hacken. Öl in einem großen Topf erhitzen, vorbereitetes Gemüse darin anbraten. Mit der Gemüsebrühe ablöschen, salzen und pfeffern und die Gewürze zugeben. Die Suppe bei schwacher Hitze 20 Minuten kochen.

2 Pumpernickel in feine Würfel schneiden, Knoblauch abziehen und fein hacken. Zitrone heiß abwaschen und von der Hälfte die Schale abreiben. Butter in einer Pfanne erhitzen. Gehackten Knoblauch und Brotwürfel darin rösten. Die Mischung salzen und pfeffern, Zitronenschale untermischen.

3 Das Lorbeerblatt aus der Suppe nehmen. Kartoffeln und Gemüse in der Brühe fein pürieren, die Suppe nochmals abschmecken.

4 Die Rote-Bete-Suppe in vier Suppenteller verteilen, die Croûtons und die Crème fraîche darüber geben.

Suppen – frischer Geschmack zum Auslöffeln

Mangold-Linsen-Eintopf

Pro Portion:
280 kcal
18 g Eiweiß
7 g Fett
34 g Kohlenhydrate

Ihr Vitalstoff-Plus: Biotin, Eisen, Mangan
Für 4 Personen
Zubereitungszeit: ca. 30 Min.

1 Knoblauchzehe
1 Zwiebel
2 EL Maiskeimöl
200 g rote Linsen
1 l Gemüsebrühe (Instant)
1,2 kg Mangold
Jodsalz, Pfeffer
1 Dose stückige Tomaten (425 ml)

1 Knoblauch und Zwiebel abziehen und fein hacken. 1 Esslöffel Öl erhitzen, Knoblauch und Zwiebel darin glasig dünsten. Die Linsen abspülen, verlesen, zugeben und kurz mit andünsten. Die Hülsenfrüchte mit 400 Milliliter Gemüsebrühe ablöschen und ca. 7 Minuten ausquellen lassen.

2 Den Mangold waschen, putzen und die Stiele in feine Streifen schneiden, die Blätter hacken. Zuerst die Stiele im restlichen Öl andünsten, würzen. Mit der restlichen Brühe und den Tomaten ablöschen. Mangoldblätter zugeben und die Suppe bei mittlerer Hitze 10 Minuten kochen.

3 Die garen Linsen zur Suppe geben, diese bei mittlerer Hitze nochmals 4 Minuten sämig kochen. Mit Salz und Pfeffer abschmecken.

Kalte Gurken-Joghurt-Suppe

Pro Portion:
230 kcal
6 g Eiweiß
19 g Fett
8 g Kohlenhydrate

Ihr Vitalstoff-Plus: Kalium, Kalzium
Für 4 Personen
Zubereitungszeit: ca. 15 Min.
Kühlzeit: ca. 1 Std.

1 Schalotte
1 Salatgurke
1 EL Öl
600 g Sahnejoghurt
400 ml Gemüsebrühe (Instant)
Saft von 1 Zitrone
1 EL gehackte Minzblättchen
Jodsalz, Pfeffer
2 EL Sesamsamen
1 TL schwarzer Sesam (Asialaden)

1 Schalotte abziehen und fein hacken. Gurke schälen, entkernen und das Gurkenfleisch mit dem Öl fein pürieren. Diese Masse mit Joghurt, Gemüsebrühe und Schalottenwürfeln verrühren. Mit Zitronensaft, Minze, Salz und Pfeffer würzen.

2 Die Suppe im Kühlschrank durchkühlen lassen, vor dem Servieren nochmals mit Salz und Pfeffer abschmecken. Den Sesam ohne Zugabe von Fett in einer Pfanne rösten und über die Suppe streuen. Dazu passt herzhaftes Vollkornbrot.

Schneller Tomaten-Bohnen-Eintopf

2 Zwiebeln, 1 Knoblauchzehe
1 EL Olivenöl
400 g grüne Bohnen (frisch oder aus der Dose)
3/8 l Gemüsebrühe (Instant)
Jodsalz, Pfeffer

1 Dose weiße Bohnenkerne (425 ml)
1 Dose stückige Tomaten (850 ml)
1 Lorbeerblatt
2 Gewürznelken
2 TL Pesto (aus dem Glas)

1 Zwiebeln und Knoblauch abziehen und fein hacken. Olivenöl erhitzen, Zwiebeln und Knoblauch darin glasig dünsten. Grüne Bohnen waschen und putzen, Dosenware abtropfen lassen. Bohnen in Stücke brechen und kurz mit andünsten. Mit Gemüsebrühe ablöschen, würzen und die Bohnen bei schwacher Hitze 15 Minuten kochen.

2 Weiße Bohnenkerne abspülen und mit den Tomaten zum Eintopf geben. Salz, Pfeffer und die Gewürze zugeben. Bei schwacher Hitze weitere 15 Minuten kochen.

3 Den Eintopf vor dem Servieren salzen und pfeffern, mit Pesto servieren.

> **Pro Portion:**
> 380 kcal
> 27 g Eiweiß
> 7 g Fett
> 50 g Kohlenhydrate
>
> Ihr Vitalstoff-Plus: Kalium, Eisen, Vitamin B_1
> Für 4 Personen
> Zubereitungszeit: ca. 35 Min.

Bunter Gemüseeintopf mit roten Linsen

1 großes Bund Suppengemüse
2 Kohlrabis
4 Paprikaschoten
2 Zwiebeln
100 g Champignons
2 EL Olivenöl
Jodsalz

Pfeffer
1 Lorbeerblatt
2 Gewürznelken
2 Pimentkörner
600 ml Gemüsebrühe (Instant)
200 g kleine rote Linsen
1 Dose Tomaten (850 ml)

1 Das Gemüse waschen und putzen, klein schneiden. Olivenöl erhitzen, das vorbereitete Gemüse darin anbraten, würzen und mit der Brühe ablöschen. Den Eintopf zugedeckt bei schwacher Hitze 5 Minuten kochen.

2 Die Linsen abspülen und verlesen, zu dem Gemüse geben und 10 Minuten garen. Tomaten zerkleinern und dazugeben, den Eintopf weitere 15 Minuten kochen. Vor dem Servieren noch einmal salzen und pfeffern.

> **Pro Portion:**
> 340 kcal
> 21 g Eiweiß
> 7 g Fett
> 46 g Kohlenhydrate
>
> Ihr Vitalstoff-Plus: Vitamin K, Biotin
> Für 4 Personen
> Zubereitungszeit: ca. 40 Min.

Suppen – frischer Geschmack zum Auslöffeln

Arabischer Kichererbseneintopf mit Entenfleisch (Foto)

Pro Portion:
550 kcal
34 g Eiweiß
22 g Fett
52 g Kohlenhydrate

Ihr Vitalstoff-Plus: Eisen, ballaststoffreich
Für 4 Personen
Zubereitungszeit:
ca. 1 Std. 30 Min.
Abkühlzeit: ca. 2 Std.

2 große Entenkeulen (à ca. 400 g)
1 Lorbeerblatt
je 3 Gewürznelken und Kardamomkapseln
1 kleine Zimtstange und 1 kleine rote Chilischote
3 Pimentkörner, ½ TL Kumin (Kreuzkümmel)
4 schwarze Pfefferkörner, Jodsalz
1 Dose Kichererbsen (850 ml)
1 Bund Suppengemüse, 1 Gemüsezwiebel
1 Dose stückige Tomaten (425 ml)
75 g getrocknete, entsteinte Pflaumen

1 Die Entenkeulen abspülen und trockentupfen. Zusammen mit den Gewürzen, ½ Teelöffel Salz und 1 Liter Wasser in einem großen Suppentopf aufkochen. Die Keulen bei schwacher Hitze 45 Minuten kochen, in der Brühe auskühlen lassen.

2 Die auf der Brühe schwimmende Fettschicht abschöpfen. Entenkeulen herausnehmen, von Haut und Knochen lösen, das Fleisch klein schneiden und beiseite stellen. Kichererbsen abspülen. Suppengemüse und Zwiebel waschen, putzen und klein schneiden.

3 Von der entstandenen Fleischbrühe ¾ Liter aufkochen, das Gemüse darin 15 Minuten garen. Kichererbsen und Tomaten zugeben. Den Eintopf bei schwacher Hitze weitere 15 Minuten kochen. Das Fleisch und die Pflaumen zum Eintopf geben, nochmals kurz erhitzen, abschmecken.

Indisches Lammcurry

Pro Portion:
570 kcal
56 g Eiweiß
19 g Fett
40 g Kohlenhydrate

Ihr Vitalstoff-Plus: Eisen, ballaststoffreich, hochwertiges pflanzliches Eiweiß
Für 4 Personen
Zubereitungszeit:
ca. 1 Std. 15 Min.

600 g mageres Lammgulasch
1 EL Butterschmalz
2 Zwiebeln
1 Bund Suppengemüse
2 EL milde indische Currypaste (Asialaden)
1 große Dose stückige Tomaten (850 ml)
1 große Aubergine
1 Stange Lauch
3 Zucchini
4 Stängel Staudensellerie
1 kleine Dose Kichererbsen (425 ml)
Jodsalz, Pfeffer

1 Das Fleisch trockentupfen. Butterschmalz in einem Topf erhitzen, Fleischwürfel darin rundherum kräftig anbraten. Zwiebeln abziehen, Suppengemüse waschen und putzen, klein schneiden und zugeben. Currypaste und ¾ Liter Wasser zugeben. Alles bei schwacher Hitze 45 Minuten schmoren.

2 Die Tomaten dazugeben, das Curry weitere 20 Minuten schmoren. Das restliche Gemüse waschen, putzen und klein schneiden. Kichererbsen abspülen. Alles dazugeben, bei schwacher Hitze 15 Minuten kochen.

3 Das Curry vor dem Servieren salzen und pfeffern.

Suppen – frischer Geschmack zum Auslöffeln

Würzige Spinatsuppe mit Gorgonzola und Pinienkernen

Pro Portion:
310 kcal
15 g Eiweiß
26 g Fett
3 g Kohlenhydrate

Ihr Vitalstoff-Plus: Kalium, Folsäure, Kalzium
Für 4 Personen
Zubereitungszeit: ca. 30 Min.

2 EL Pinienkerne
1 Knoblauchzehe
2 Schalotten
1 EL Olivenöl
1 kg Wurzelspinat
Jodsalz
Pfeffer
geriebene Muskatnuss
½ l Geflügelfond (aus dem Glas)
125 g Schlagsahne
150 g Edelpilzkäse mit Blauschimmel
(z. B. Gorgonzola)

1 Pinienkerne in einem Topf ohne Zugabe von Fett rösten, bis sie zu duften anfangen, herausnehmen. Knoblauch und Schalotten abziehen, fein hacken. Olivenöl erhitzen, Knoblauch und Schalotten darin glasig dünsten. Spinat verlesen, gründlich abspülen und tropfnass ins heiße Öl geben. Die Spinatblätter unter Rühren zusammenfallen lassen, würzen.

2 Den Spinat mit dem Geflügelfond ablöschen, die Suppe bei mittlerer Hitze 3 Minuten kochen. Spinat in der Brühe fein pürieren. Sahne steif schlagen und mit dem Käse unter die Suppe ziehen.

3 Die Spinatsuppe mit Salz, Pfeffer und Muskat abschmecken. Mit den gerösteten Pinienkernen in vier Suppentellern anrichten. Dazu passt herzhaftes Vollkornbrot.

Leichter Linseneintopf

Pro Portion:
240 kcal
15 g Eiweiß
4 g Fett
34 g Kohlenhydrate

Ihr Vitalstoff-Plus: Eisen, ballaststoffreich, hochwertiges pflanzliches Eiweiß
Für 4 Personen
Zubereitungszeit: ca. 55 Min.
Einweichzeit: ca. 8 Std.

200 g braune Tellerlinsen
2 Zwiebeln
1 EL Maiskeimöl
1 Bund Suppengemüse
1 EL gekörnte Gemüsebrühe
1 Lorbeerblatt
2 Gewürznelken, etwas Thymian
Pfeffer
1 Dose stückige Tomaten (425 ml)
Jodsalz

1 Linsen abspülen, verlesen und bereits am Vorabend in 1 ¼ Liter Wasser einweichen.

2 Zwiebeln abziehen und hacken. Öl erhitzen und die Zwiebeln darin kräftig anbraten. Suppengemüse waschen, putzen, klein schneiden und zugeben, kurz mit anbraten. Linsen samt Einweichwasser zum Gemüse geben. Brühe, Gewürze und Pfeffer zugeben. Den Eintopf bei mittlerer Hitze 30 Minuten garen.

3 Tomaten zum Eintopf geben, diesen nochmals nachwürzen, weitere 20 Minuten kochen. Vor dem Servieren nochmals abschmecken.

Spargelcreme mit gerösteten Haselnussblättchen

2 EL Haselnussblättchen
400 g Kartoffeln (vorwiegend mehlig kochend)
1 kg grüner Spargel
¾ l Gemüsebrühe (Instant)
1 unbehandelte Orange
200 g Schlagsahne
Jodsalz
Pfeffer
geriebene Muskatnuss
1 TL Butter

1 Die Haselnussblättchen ohne Zugabe von Fett rösten, bis sie zu duften anfangen, herausnehmen. Kartoffeln waschen, schälen und würfeln. Vom Spargel nur die unteren, holzigen Enden entfernen, Spargelstangen in Stücke schneiden.

2 Die Kartoffeln in der Gemüsebrühe 10 Minuten garen. Orange heiß abspülen, von der Hälfte die Schale abreiben, Frucht auspressen. Die Spargelstücke, außer den Spitzen, die Hälfte des Orangensaftes, Sahne, Salz, Pfeffer und Muskat zu den Kartoffeln in der Brühe geben. Zugedeckt bei schwacher Hitze 15 Minuten garen.

3 In der Zwischenzeit Butter in einer Pfanne erhitzen. Die Spargelspitzen darin andünsten, mit Salz und Pfeffer würzen und mit dem übrigem Orangensaft ablöschen. Zugedeckt in 5 Minuten bissfest garen.

4 Kartoffel- und Spargelstücke im Fond fein pürieren. Die Cremesuppe nochmals mit Salz, Pfeffer und Muskat abschmecken, mit den Spargelspitzen und den gerösteten Nussblättchen anrichten.

Pro Portion:
310 kcal
8 g Eiweiß
21 g Fett
22 g Kohlenhydrate

Ihr Vitalstoff-Plus: Vitamin C und A, ungesättigte Fettsäuren
Für 4 Personen
Zubereitungszeit: ca. 30 Min.

Tomaten-Paprika-Suppe mit Chili

Pro Portion:
140 kcal
4 g Eiweiß
9 g Fett
9 g Kohlenhydrate

Ihr Vitalstoff-Plus: Karotin, Vitamin E
Für 4 Personen
Zubereitungszeit: ca. 35 Min.

1 Knoblauchzehe, 2 Zwiebeln
1 kleine rote Chilischote
1 EL Olivenöl
3 rote Paprikaschoten
1 Lorbeerblatt, 2 Kardamomkapseln
2 Pimentkörner, 1 Gewürznelke
etwas frischer Thymian und Rosmarin
Jodsalz, Pfeffer
3/8 l Gemüsebrühe (Instant)
1 Dose passierte Tomaten (850 ml)
75 g Crème fraîche

1 Knoblauch und Zwiebeln abziehen, hacken. Chilischote längs aufschneiden, dabei entkernen, die Hälften in Streifen schneiden. Öl erhitzen, Knoblauch, Zwiebeln und Chilistreifen darin anbraten. Paprikaschoten waschen, putzen, klein schneiden. Paprikastücke zugeben, mit anbraten. Gewürze, Salz, Pfeffer und Brühe zugeben, zugedeckt bei schwacher Hitze 10 Minuten kochen.

2 Tomaten zugeben, die Suppe weitere 15 Minuten kochen. Gewürze entfernen. Die Suppe fein pürieren, salzen und pfeffern und mit je einem Klecks Crème fraîche und etwas Thymian anrichten.

Schnelle Tomatensuppe mit Petersilienpesto

Pro Portion:
240 kcal
9 g Eiweiß
21 g Fett
6 g Kohlenhydrate

Ihr Vitalstoff-Plus: Karotin, Kalium
Für 4 Personen
Zubereitungszeit: ca. 40 Min.

2 Zwiebeln, 1 Knoblauchzehe
4 EL Olivenöl
etwas frischer oder getrockneter Salbei
1 Dose Pizzatomaten (850 ml)
100 ml Möhrensaft
100 g Schlagsahne
Jodsalz, Pfeffer
1 TL gekörnte Gemüsebrühe
2 EL Pinienkerne
1 Bund glatte Petersilie
75 g Parmesan
1–2 TL Apfeldicksaft (Reformhaus)

1 Zwiebeln und Knoblauch abziehen, fein hacken. 2 Esslöffel Öl erhitzen. Zwiebeln, Knoblauch und Salbei darin anbraten. Tomaten, Möhrensaft und Sahne angießen. Suppe mit Salz, Pfeffer und Brühe würzen, bei schwacher Hitze 10 Minuten kochen.

2 Die Pinienkerne ohne Zugabe von Fett rösten. Petersilie waschen, Blättchen abzupfen und mit den Pinienkernen, geriebenem Parmesan, dem restlichen Olivenöl und Pfeffer fein pürieren. Das Pesto bei Bedarf mit 1 bis 2 Esslöffel heißer Gemüsebrühe flüssiger rühren, salzen und pfeffern.

3 Die Suppe nochmals mit Salz, Pfeffer und etwas Apfeldicksaft abschmecken. Mit dem Pesto in vier Suppentellern anrichten.

Sommerliche Gurkenkaltschale

1 Stück Ingwer (ca. 2–3 cm)
2 Zwiebeln
1 EL Sonnenblumenöl
½ kleine Chilischote
3 Salatgurken

Saft von 1 Zitrone
Jodsalz
Pfeffer
½ Bund frischer Dill
75 g saure Sahne

1 Den Ingwer schälen und auf einer Küchenreibe fein reiben. Zwiebeln abziehen, fein hacken. Öl erhitzen, Ingwer und Zwiebeln darin glasig andünsten. Chilischote längs aufschneiden, dabei entkernen, die Hälften fein hacken und zugeben.

2 Gurken schälen, entkernen und das Gurkenfleisch mit dem Zitronensaft pürieren. Gurkenpüree mit Salz und Pfeffer würzig abschmecken. Die Zwiebel-Ingwer-Mischung unterrühren. Gut durchkühlen.

3 Dill abspülen, fein hacken und mit der sauren Sahne verrühren. Die Kaltschale vor dem Servieren nochmals abschmecken und mit dem Dilldip anrichten. Dazu passt herzhaftes Vollkornbrot.

> **Pro Portion:**
> 100 kcal
> 2 g Eiweiß
> 7 g Fett
> 7 g Kohlenhydrate
>
> Ihr Vitalstoff-Plus: Folsäure, Kalium
> Für 4 Personen
> Zubereitungszeit: ca. 20 Min.
> Kühlzeit: ca. 1 Std.

Pikante Apfel-Zwiebel-Suppe

75 g magerer Frühstücksspeck
750 g Zwiebeln
250 g säuerliche Äpfel
Jodsalz, Pfeffer
1 l Gemüsebrühe (Instant)

1 Lorbeerblatt
2 Wacholderbeeren
etwas frischer Thymian
50 g Parmesan
1 Pck. Pumpernickeltaler

1 Den Speck in feine Streifen schneiden, in einem Topf ohne Zugabe von Fett knusprig auslassen. Speckstreifen herausnehmen.

2 Zwiebeln abziehen, in Ringe schneiden und im Speckfett glasig dünsten. Äpfel waschen, schälen und in Spalten schneiden, dabei die Kerngehäuse entfernen. Apfelspalten zu den Zwiebeln geben, kurz mit andünsten.

3 Die Zwiebel-Apfel-Mischung salzen und pfeffern, mit der Brühe aufgießen, Gewürze zugeben. Die Suppe bei schwacher Hitze 10 Minuten kochen.

4 Parmesan reiben, mit einigen Thymianblättchen mischen, auf den Pumpernickeltalern verteilen und die Brottaler im vorgeheizten Backofen bei 200 °C (Gas Stufe 3–4, Umluft 180 °C) überbacken.

5 Die Suppe vor dem Servieren salzen und pfeffern. Mit den Pumpernickel-Käse-Talern und Speckstreifen anrichten.

> **Pro Portion:**
> 340 kcal
> 10 g Eiweiß
> 20 g Fett
> 30 g Kohlenhydrate
>
> Ihr Vitalstoff-Plus: Vitamin K, Magnesium, Eisen, Mangan
> Für 4 Personen
> Zubereitungszeit: ca. 30 Min.

Fisch – leicht, edel & unkompliziert

Lachsfilet mit Kräuter-Zitronen-Kruste (Foto)

4 Lachsfilets ohne Haut (à ca. 175 g)
Jodsalz, Pfeffer
1 Bund gemischte Kräuter (z.B. Thymian, Basilikum, Petersilie, Rosmarin – frisch oder TK-Ware)
75 g schwarze Oliven, entsteint
1 unbehandelte Zitrone
4 EL geriebener Parmesan, 1 Pck. Mozzarella (125 g)
4 Tomaten

1 Lachsfilets abspülen, trockentupfen, salzen und pfeffern und nebeneinander in eine flache Auflaufform legen. Kräuter abspülen und fein hacken, Oliven klein schneiden. Zitrone heiß abwaschen, von einer Hälfte die Schale abreiben. Kräuter, Oliven, 1 Teelöffel Zitronenschale mit dem Parmesan mischen.

2 Mozzarella abtropfen lassen, Tomaten waschen, beides in Scheiben schneiden, dabei die Stielansätze der Tomaten entfernen.

3 Tomaten- und Mozzarellascheiben dachziegelartig auf den Filets verteilen, Kräutermischung darüber streuen. Das Gericht im vorgeheizten Backofen bei 200 °C (Gas Stufe 3–4, Umluft 180 °C) ca. 20 bis 25 Minuten überbacken.

4 Den Fisch mit dem entstandenen Fond servieren. Dazu passen Vollkornnudeln.

Pro Portion:
400 kcal
45 g Eiweiß
23 g Fett
1 g Kohlenhydrate

Ihr Vitalstoff-Plus: Omega-3- und -6-Fettsäuren, Kalzium
Für 4 Personen
Zubereitungszeit: ca. 35 Min.
Backzeit: ca. 20–25 Min.

Seelachs mit Tomaten-Parmesan-Kruste

800 g mageres Fischfilet (z.B. Lengfisch, Seelachs, Rotbarsch)
Jodsalz
Pfeffer
4 Fleischtomaten
1 TL fertiges Pesto (aus dem Glas)
125 g Parmesan (am Stück)
2 kleine geröstete Knusper-Vollkorn-Brötchen (z.B. Scorpa)
1 unbehandelte Zitrone

1 Fischfilets abspülen, trockentupfen, salzen und pfeffern und nebeneinander in eine große Auflaufform legen. Tomaten waschen und fein würfeln, dabei die Stielansätze entfernen. Tomatenwürfel mit Pesto, etwas Salz und Pfeffer mischen und auf den Filets verteilen.

2 Parmesan und Brötchen fein reiben. Zitrone heiß abwaschen und von einer Hälfte die Schale abreiben. Geriebenen Parmesan und Brötchen mit 1 Teelöffel Zitronenschale mischen und auf den Tomaten verteilen.

3 Das Gericht bei 200 °C (Gas Stufe 3–4, Umluft 180 °C) 20 bis 30 Minuten knusprig überbacken. Dazu passen grüner Blattsalat und Vollkornbrot.

Pro Portion:
390 kcal
50 g Eiweiß
16 g Fett
11 g Kohlenhydrate

Ihr Vitalstoff-Plus: Jod, Fluor, Vitamin B_{12}
Für 4 Personen
Zubereitungszeit: ca. 40 Min.
Backzeit: 20–30 Min.

Fisch – leicht, edel & unkompliziert

Schollenfilet in Orangen-Schalotten-Sauce

Pro Portion:
280 kcal
37 g Eiweiß
11 g Fett
8 g Kohlenhydrate

Ihr Vitalstoff-Plus: Jod, Kalium
Für 4 Personen
Zubereitungszeit: ca. 20 Min.

800 g küchenfertige Schollenfilets
150 g Schalotten
2 EL Sonnenblumenöl
Saft von 3 Orangen
100 ml Gemüsebrühe (Instant)
Jodsalz
Pfeffer
3 EL Schlagsahne

1 Die Schollenfilets abspülen und trockentupfen. Schalotten abziehen und sehr fein würfeln.
2 Das Öl in einer Pfanne erhitzen, Schalotten darin glasig dünsten. Mit Orangensaft und Brühe ablöschen, ca. 1 bis 2 Minuten kräftig einkochen lassen.
3 Die Filets zugeben, mit Salz und Pfeffer würzen. Den Fisch zugedeckt bei schwacher Hitze ca. 3 bis 5 Minuten ziehen lassen. Die Fischfilets herausnehmen und warm stellen. Die Sauce nochmals kräftig einkochen lassen. Mit Sahne verfeinern.
4 Dazu passen grüner Salat und Wildreis.

Fischfilet mit Tomaten-Orangen-Salsa

Pro Portion:
420 kcal
28 g Eiweiß
30 g Fett
9 g Kohlenhydrate

Ihr Vitalstoff-Plus: Jod, Mangan, Vitamin B_6 und B_{12}
Für 4 Personen
Zubereitungszeit: ca. 20 Min.

2 Orangen
4 Tomaten
1 kleine rote Chilischote
Jodsalz
Pfeffer
4 EL Olivenöl
1 Bund frischer Koriander oder glatte Petersilie
1 Lauchzwiebel
4 Fischfilets (à ca. 175 g, z. B. Red Snapper, Makrele, Catfish)

1 Die Orangen schälen, dabei die weißen Häute mit entfernen. Die Früchte filetieren, dabei den Saft auffangen. Die Orangenfilets fein würfeln.
2 Tomaten waschen und fein würfeln, dabei die Stielansätze entfernen. Tomaten- und Orangenwürfel mit dem Orangensaft mischen. Die Chilischote längs aufschneiden und entkernen, die Hälften fein hacken (Achtung! Danach gleich die Hände waschen!) und unterrühren. Die Salsa salzen und pfeffern, 2 Esslöffel Olivenöl unterrühren. Koriander oder Petersilie abspülen, fein hacken und zugeben. Die Lauchzwiebel waschen, putzen, in feine Ringe schneiden und ebenfalls zur Salsa geben.
3 Die Fischfilets abspülen und trockentupfen. Das restliche Öl erhitzen und die Filets darin auf jeder Seite ca. 3 Minuten braten. Mit Salz und Pfeffer würzen.
4 Die Salsa zu den Filets anrichten. Dazu passt Wildreis oder Couscous.

Gedämpftes Lachsfilet auf Zitronenspinat

1,5 kg Wurzelspinat
4 Lachstranchen (à ca. 200 g)
1 unbehandelte Zitrone
4–6 Lorbeerblätter
Jodsalz, Pfeffer
2 EL Olivenöl, geriebene Muskatnuss

1 Den Spinat verlesen, waschen und abtropfen lassen. Die Lachstranchen abspülen, trockentupfen. Die Zitrone heiß abwaschen und die Schale fein abreiben. Die Zitrone in Scheiben schneiden.
2 Den Boden einer Pfanne mit den Zitronenscheiben auslegen. Lorbeerblätter darauf verteilen. Etwa 6 Esslöffel Wasser angießen, zugedeckt aufkochen lassen.
3 Lachs salzen und pfeffern und auf die Zitronenscheiben legen. Den Fisch bei schwacher Hitze zugedeckt ca. 15 Minuten ziehen lassen.
4 Olivenöl in einem großen Topf erhitzen, Spinatblätter zugeben und diese unter Rühren zusammenfallen lassen. Mit Zitronenschale, Salz, Pfeffer und Muskat abschmecken.
5 Den Lachs mit dem Spinat anrichten. Dazu passt Vollkornbrot oder würzig gekochter Couscous.

Pro Portion:
360 kcal
45 g Eiweiß
19 g Fett
2 g Kohlenhydrate

Ihr Vitalstoff-Plus: Omega-3- und -6-Fettsäuren, Eisen, Folsäure
Für 4 Personen
Zubereitungszeit: ca. 30 Min.

Fischragout in Kräutersauce

4 Schalotten, 150 g rosé Champignons
1 EL Sonnenblumenöl
400 ml Fischfond (aus dem Glas)
100 ml Weißwein
2 Gewürznelken
1 Lorbeerblatt, 1 Pimentkorn
Jodsalz, Pfeffer
1 EL Vollkornmehl, 75 g Schlagsahne
800 g festes Fischfilet (z. B. Seelachs, Rotbarsch, Lengfisch)
100 g Kirschtomaten
1 Bund frische Kräuter (z. B. Kerbel, Dill, Petersilie, Basilikum – ersatzweise TK-Ware)

1 Schalotten abziehen, würfeln, Pilze putzen und klein schneiden. Das Öl erhitzen, Schalotten und Pilze darin glasig dünsten. Mit Fischfond und Weißwein ablöschen, Gewürze zugeben. In einer kleinen Schüssel Mehl, etwas Fischfond und Sahne glatt rühren und die Weißwein-Fisch-Sauce damit binden.
2 Die Fischfilets abspülen, in gleich große Würfel schneiden. Die Würfel in den Fond geben und bei schwacher Hitze ca. 5 Minuten ziehen lassen. Tomaten waschen und halbieren, dabei die Stielansätze entfernen. Kräuter abspülen. Beides zum Ragout geben, kurz darin erhitzen. Dazu passt Basmatireis.

Pro Portion:
280 kcal
39 g Eiweiß
10 g Fett
4 g Kohlenhydrate

Ihr Vitalstoff-Plus: Jod, Fluor, Magnesium
Für 4 Personen
Zubereitungszeit: ca. 30 Min.

Fisch – leicht, edel & unkompliziert

Pro Portion:
410 kcal
41 g Eiweiß
22 g Fett
10 g Kohlenhydrate

Ihr Vitalstoff-Plus: Jod, Fluor, Vitamin E, Kalium
Für 4 Personen
Zubereitungszeit: ca. 40 Min.
Backzeit: ca. 25 Min.

Fischfilet mit pikanter Sauerkrautkruste

750 g frisches Sauerkraut (ersatzweise 1 Dose, 850 ml)
2 EL Sonnenblumenöl
Saft von 2 Orangen
Jodsalz, Pfeffer
Cayennepfeffer
75 g Mandelblättchen
2 EL Blütenhonig
750 g mageres Fischfilet (z. B. Lengfisch, Seelachs, Rotbarsch, Kabeljau)

1 Sauerkraut abtropfen lassen. Öl erhitzen, Sauerkraut darin andünsten. Orangensaft, Salz, Pfeffer und Cayennepfeffer zugeben und das Kraut bei schwacher Hitze ca. 10 Minuten schmoren, bis die Flüssigkeit fast ganz verdampft ist.

2 Mandelblättchen in einer Pfanne ohne Zugabe von Fett hellbraun rösten, Honig zugeben. Die Fischfilets abspülen, trockentupfen und in 4 Portionen teilen. Diese in eine große Auflaufform legen, salzen und pfeffern. Sauerkraut abtropfen lassen und wie die Honig-Mandeln darüber verteilen.

3 Das Gericht im vorgeheizten Backofen bei 180 °C (Gas Stufe 2–3, Umluft 160 °C) ca. 25 Minuten knusprig überbacken. Dazu passt herzhaftes Vollkornbrot.

Pro Portion:
300 kcal
40 g Eiweiß
13 g Fett
6 g Kohlenhydrate

Ihr Vitalstoff-Plus: Jod, mehrfach ungesättigte Fettsäuren, Karotin
Für 4 Personen
Zubereitungszeit: ca. 40 Min.
Backzeit: ca. 25 Min.

Kräuter-Rotbarsch aus der Folie

150 g rosé Champignons
1 Bund frischer Rosmarin
2 rote Paprikaschoten, 3 Lauchzwiebeln
Jodsalz, Pfeffer
4 küchenfertige Rotbarschfilets (à 200 g)
2 EL Olivenöl

1 Vier große Stücke stabile Alufolie zurechtschneiden. Pilze putzen und klein schneiden. Rosmarin abspülen, einige Zweige zurückbehalten, den Rest fein hacken. Rosmarin mit den Pilzen mischen. Paprika waschen, putzen und würfeln. Lauchzwiebeln waschen, putzen und klein schneiden.

2 Pilze auf die Alufolie geben. Das vorbereitete Gemüse und die Zwiebeln auf den Pilzen verteilen, würzen.

3 Filets abspülen, trockentupfen und auf das Gemüsebett legen. Salzen und pfeffern, Rosmarinzweige darauf verteilen und Olivenöl darüber träufeln.

4 Die Folie fest verschließen und die vier Päckchen in eine große Auflaufform oder auf die Fettpfanne des vorgeheizten Backofens legen. Den Fisch bei 200 °C (Gas Stufe 3–4, Umluft 180 °C) ca. 25 Minuten backen. Die Päckchen herausnehmen, Fisch und Gemüse mit dem entstandenen Fond servieren. Dazu passt Reis.

Fisch-Gemüse-Curry mit Kokos

1 Stück Ingwer (ca. 2–3 cm)
3–4 Stängel Zitronengras (Asialaden)
100 g Champignons
400 g Brokkoli
4 Möhren
½ Bund Lauchzwiebeln
½ Staude Stangensellerie
425 ml Kokosmilch (o. Z.)
200 ml Gemüsebrühe (Instant)
4 Kaffir-Limettenblätter (Asialaden)
½ Beutel milde rote Thai-Currypaste (Asialaden)
400 g festes mageres Fischfilet (z. B. Lengfisch)
evtl. Sojasauce
evtl. Saft von 1 Limette
1 Bund frischer Koriander

Pro Portion:
260 kcal
34 g Eiweiß
6 g Fett
15 g Kohlenhydrate

Ihr Vitalstoff-Plus: Jod, Vitamin C
Für 4 Personen
Zubereitungszeit: ca. 30 Min.

1 Ingwer schälen und fein hacken. Zitronengras abspülen, in Stücke schneiden. Gemüse waschen, putzen, klein schneiden.

2 Kokosmilch, Brühe, Ingwer, Zitronengras und Limettenblätter in einem Topf aufkochen. Currypaste und Gemüse zugeben. Alles bei schwacher Hitze ca. 5 Minuten köcheln lassen.

3 Fischfilets abspülen, trockentupfen und in gleich große Würfel schneiden. Fischwürfel in das Curry geben und 5 Minuten zugedeckt ziehen lassen.

4 Das Curry eventuell mit Sojasauce und Limettensaft abschmecken. Koriander abspülen, fein schneiden und darüber streuen. Dazu passt Basmatireis.

Fisch – leicht, edel & unkompliziert

Garnelen-Gemüse-Spieße mit scharfem Limetten-Dip (Foto)

Pro Portion:
320 kcal
35 g Eiweiß
16 g Fett
8 g Kohlenhydrate

Ihr Vitalstoff-Plus: Zink, Jod, Kalium
Für 4 Personen
Zubereitungszeit: ca. 30 Min.

1 EL Sesamsamen
600 g küchenfertige Garnelen ohne Schale (frisch oder TK-Ware)
4 kleine Zucchini
150 g gleich große Champignons
200 g Kirschtomaten, einige Lorbeerblätter

8 Holzspieße, 4 EL Sojaöl
1 Stück Ingwer (ca. 2–3 cm)
1 Knoblauchzehe
Saft von 2 Limetten, 2 TL Agavendicksaft
1 TL Sesamöl, ½ TL Sambal oelek
Jodsalz, Pfeffer

1. Sesamsamen in einer Pfanne ohne Zugabe von Fett rösten, herausnehmen. Die Garnelen abspülen und abtropfen lassen, Tiefkühlware auftauen. Zucchini, Pilze und Tomaten waschen, putzen und in gleich große Stücke schneiden.
2. Die vorbereiteten Zutaten mit den Lorbeerblättern im Wechsel auf lange dünne Holzspieße ziehen. Das Gemüse auf den Spießen mit 2 Esslöffel Sojaöl einpinseln.
3. Ingwer schälen, Knoblauch abziehen, beides sehr fein hacken. Mit Limettensaft, Agavendicksaft, Sesam- und restlichem Sojaöl, Sambal oelek, Salz und gerösteten Sesamsamen zu einem Dip verrühren.
4. Die Garnelenspieße auf dem heißen Grill oder in einer beschichteten Pfanne rundherum braten, mit Salz und Pfeffer würzen. Zu dem scharfen Limetten-Dip servieren. Dazu passt Basmatireis.

Marinierte Lachsspieße auf Ingwer-Chili-Spinat

Pro Portion:
400 kcal
48 g Eiweiß
10 g Fett
26 g Kohlenhydrate

Ihr Vitalstoff-Plus: Eisen, Folsäure, Vitamin E, Omega-3-Fettsäuren
Für 4 Personen
Zubereitungszeit: ca. 30 Min.
Marinierzeit: ca. 1 Std.

1 Schalotte, 1 Bund frischer Koriander
Saft von 1 Limette, 600 g Lachsfilet ohne Haut
1 Stück Ingwer (ca. 2–3 cm), 1 rote Chilischote

2 EL Sojaöl, 200 g rote Linsen
400 ml Gemüsebrühe (Instant)
1,2 kg Wurzelspinat, Jodsalz, Pfeffer

1. Schalotte schälen, Koriander abspülen, beides fein hacken und mit Limettensaft mischen. Lachs abspülen, trockentupfen und würfeln. Fischwürfel in der Marinade ca. 1 Stunde ziehen lassen.
2. Ingwer schälen und fein hacken. Chilischote entkernen, in Streifen schneiden. Öl in einem Topf erhitzen, Ingwer und Chili darin andünsten. Linsen abspülen, abtropfen lassen und zugeben. Mit Brühe ablöschen und 10 Minuten ausquellen lassen. Spinat gründlich abspülen, verlesen und grob hacken. Zu den Linsen geben und unter Wenden zusammenfallen lassen. Salzen und pfeffern.
3. Lachswürfel aus der Marinade nehmen, trockentupfen und auf Spieße stecken. Diese auf dem heißen Grill oder in einer Pfanne rundherum knusprig braun braten, würzen. Mit dem Spinat anrichten.

Fisch – leicht, edel & unkompliziert

Thunfisch mit Tomaten-Dip und Gurkensalat

Pro Portion:
460 kcal
36 g Eiweiß
18 g Fett
18 g Kohlenhydrate

Ihr Vitalstoff-Plus: Jod, mehrfach ungesättigte Fettsäuren, Kalium
Für 4 Personen
Zubereitungszeit: ca. 20 Min.

3 Tomaten, 1 Bund frisches Basilikum
150 g Schmand (20 % Fett)
100 g Magerjoghurt
Jodsalz, Pfeffer

1 Knoblauchzehe, 2 Salatgurken
1 Stück Ingwer (ca. 2–3 cm), 1 Limette
1 EL Sesamsamen
4 Thunfischfilets (à ca. 150 g)

1 Die Tomaten waschen und fein würfeln, dabei die Stielansätze entfernen. Basilikum abspülen und fein hacken. Schmand und Joghurt verrühren, salzen und pfeffern. Knoblauch abziehen, sehr fein hacken. Knoblauch, Tomatenwürfel und Basilikum unter den Dip rühren.

2 Die Gurken schälen, längs halbieren und entkernen. Das Gurkenfleisch in feine Scheiben schneiden. Ingwer schälen, sehr fein hacken. Die Limette auspressen, den Saft mit Salz, Pfeffer und Ingwer verrühren. Die Gurkenscheiben unterrühren. Sesamsamen in einer Pfanne ohne Zugabe von Fett rösten, herausnehmen und über den Gurkensalat streuen.

3 Die Thunfischfilets abspülen, trockentupfen und auf dem heißen Grill auf jeder Seite ca. 2 bis 3 Minuten (je nach Dicke der Filets) grillen.

4 Die Fischfilets salzen und pfeffern, mit dem Dip und dem Salat anrichten. Dazu passt herzhaftes Vollkornbrot.

Tipp Wenn Sie einige Kalorien einsparen möchten, verwenden Sie für dieses Rezept 4 ganze Forellen (à ca. 300 g) statt der Thunfischfilets.

Fischpfanne mit Tomate und Brokkoli

Pro Portion:
250 kcal
39 g Eiweiß
7 g Fett
7 g Kohlenhydrate

Ihr Vitalstoff-Plus: Jod, mehrfach ungesättigte Fettsäuren, Karotin
Für 4 Personen
Zubereitungszeit: ca. 30 Min.

600 g festes Fischfilet (z. B. Seeteufel, Lengfisch, Seelachs)
750 g Brokkoli
Jodsalz, 2 Zwiebeln
2 EL Olivenöl

1 Dose (425 ml) stückige Tomaten
1 Lorbeerblatt
Pfeffer
½ TL getrocknete Kräuter der Provence
1 TL gekörnte Gemüsebrühe

1 Fisch abspülen und würfeln. Brokkoli putzen, in Röschen teilen, dicke Stiele schälen und klein schneiden. Brokkoli in wenig Salzwasser zugedeckt ca. 5 Minuten dünsten, abgießen und abtropfen lassen.

2 Zwiebeln abziehen, klein schneiden. Öl in einer Pfanne erhitzen, Zwiebeln darin glasig dünsten. Tomaten, Gewürze und Brühe zugeben. Alles 5 Minuten bei schwacher Hitze kochen.

3 Fischwürfel in die Tomatensauce geben und zugedeckt 5 Minuten ziehen lassen. Den Brokkoli zugeben. Die Fischpfanne abschmecken.

Kräuterforellen aus dem Backofen

4 küchenfertige Forellen (à ca. 300 g)
1 unbehandelte Zitrone
1 Bund frische Kräuter (z. B. Petersilie, Schnittlauch, Dill, Basilikum – ersatzweise TK-Ware)
Jodsalz, Pfeffer
100 g Crème fraîche
100 g Magerjoghurt
2 TL geriebener Meerrettich (aus dem Glas)

1 Die Forellen abspülen und trockentupfen. Die Zitrone heiß abwaschen und in Scheiben schneiden. Kräuter abspülen, trockenschütteln. Die Fische von innen mit Salz und Pfeffer einreiben, die Zitronenscheiben und die Kräuter darin verteilen.
2 Forellen auf ein mit Backpapier ausgelegtes Backblech legen und die Fische im vorgeheizten Backofen bei 200 °C (Gas Stufe 3–4, Umluft 180 °C) ca. 20 Minuten backen.
3 Crème fraîche, Joghurt und Meerrettich zu einem Dip verrühren, diesen salzen und pfeffern.
4 Den Dip zu den Forellen reichen. Dazu passen grüner Salat mit Senf-Vinaigrette und herzhaftes Vollkornbrot.

Pro Portion:
420 kcal
63 g Eiweiß
18 g Fett
2 g Kohlenhydrate

Ihr Vitalstoff-Plus: Vitamin D und B_{12}, Kalium
Für 4 Personen
Zubereitungszeit: ca. 20 Min.
Backzeit: ca. 20 Min.

Gemüse-Lachs-Auflauf

5 g getrocknete Steinpilze
500 g Kartoffeln
3 Zucchini, 100 g Champignons
je 2 Lauchzwiebeln und rote Paprikaschoten
500 g Lachsfilet ohne Haut
100 g Schlagsahne
125 ml Gemüsebrühe (Instant)
1 Pck. Mozzarella (125 g)

1 Die getrockneten Pilze in 100 Milliliter warmem Wasser einweichen. Kartoffeln waschen, schälen und in Scheiben schneiden. Gemüse waschen, putzen und klein schneiden, dabei von den Paprikaschoten die Kerngehäuse entfernen. Lachsfilet abspülen und in Stücke schneiden.
2 Das vorbereitete Gemüse und die Kartoffelscheiben mischen und mit dem Lachs in eine große Auflaufform füllen. Die Sahne mit Brühe, Pilzen und dem Einweichwasser mischen, die Flüssigkeit über das Gemüse gießen.
3 Den Auflauf im vorgeheizten Backofen bei 200 °C (Gas Stufe 3–4, Umluft 180 °C) ca. 45 Minuten backen. Nach ca. 25 Minuten Backzeit den Mozzarella abtropfen lassen, in Scheiben schneiden und diese auf dem Auflauf verteilen, fertig backen.

Pro Portion:
430 kcal
38 g Eiweiß
19 g Fett
25 g Kohlenhydrate

Ihr Vitalstoff-Plus: Omega-3- und -6-Fettsäuren, Karotin, Vitamin C
Für 4 Personen
Zubereitungszeit: ca. 20 Min.
Backzeit: ca. 45 Min.

Fisch – leicht, edel & unkompliziert

Zanderfilet auf Champignon-Lauch-Gemüse

Pro Portion:
340 kcal
41 g Eiweiß
12 g Fett
16 g Kohlenhydrate

Ihr Vitalstoff-Plus: Kalium, Vitamin K
Für 4 Personen
Zubereitungszeit: ca. 30 Min.

2 große Stangen Lauch
150 g rosé Champignons
4 Zanderfilets mit Haut
3 EL Sonnenblumenöl
Jodsalz
Pfeffer
4 EL Schlagsahne
4 EL Zitronensaft

1 Die Lauchstangen waschen, putzen und in Ringe schneiden. Pilze putzen und klein schneiden. Die Zanderfilets abspülen, trockentupfen. 1 Esslöffel Öl in einer Pfanne erhitzen, Lauchringe und Pilze darin bei starker Hitze unter Wenden kräftig anbraten. Das Gemüse salzen und pfeffern, mit der Sahne ablöschen und ca. 3 Minuten bei schwacher Hitze kochen.

2 In einer weiteren Pfanne das restliche Öl erhitzen. Die Filets darin auf jeder Seite ca. 2 Minuten anbraten, würzen. Die Zanderfilets mit Zitronensaft beträufeln und mit dem Champignon-Lauch-Gemüse anrichten. Dazu passt eine körnige Wildreis-Mischung.

Garnelen mit Paprikagemüse

Pro Portion:
310 kcal
31 g Eiweiß
10 g Fett
24 g Kohlenhydrate

Ihr Vitalstoff-Plus: Karotin, Jod, Zink
Für 4 Personen
Zubereitungszeit: ca. 30 Min.

750 g Garnelen in Schale (frisch oder TK-Ware)
1 Knoblauchzehe
1 Bund Lauchzwiebeln
1 kleine rote Chilischote
1 kg rote, grüne und gelbe Paprikaschoten
2 EL Sojaöl
6 EL süß-saure Chilisauce (Asialaden)
Jodsalz
Pfeffer
Sojasauce

1 Die Garnelen abspülen und abtropfen lassen, Tiefkühlware auftauen. Knoblauch und Lauchzwiebeln abziehen und klein schneiden. Chilischote längs aufschneiden und entkernen, die Hälften fein hacken (Achtung! Gleich danach die Hände waschen!). Paprikaschoten waschen, putzen und klein schneiden, dabei die Kerngehäuse entfernen.

2 1 Esslöffel Sojaöl in einer Pfanne erhitzen. Die Garnelen darin unter Wenden anbraten. Knoblauch und Chili zugeben und alles ca. 1 Minute braten, herausnehmen und warm stellen. Das restliche Sojaöl in das Bratfett geben. Zwiebel- und Paprikawürfel darin unter Wenden ca. 4 Minuten braten.

3 Die Chilisauce zugeben. Das Gemüse salzen und pfeffern und mit Sojasauce abschmecken.

4 Die Garnelen auf dem Paprikagemüse anrichten. Dazu passen Glasnudeln oder Basmatireis.

Fischpfanne mit Wokgemüse

600 g festes Fischfilet (z. B. Seeteufel, Rotbarsch, Lengfisch, Lachs oder Seelachs)
Saft von 1 Zitrone
Sojasauce
1 Knoblauchzehe
1 Stück Ingwer (ca. 2–3 cm)
1 kleine rote Chilischote
4 Möhren
1 Stange Lauch
1 großer Chinakohl
50 g Sojabohnensprossen
2 EL Sojaöl
2 EL geröstete Erdnüsse
Jodsalz, Pfeffer

Pro Portion:
380 kcal
36 g Eiweiß
18 g Fett
18 g Kohlenhydrate

Ihr Vitalstoff-Plus: Vitamin A und C, Jod, Fluor
Für 4 Personen
Zubereitungszeit: ca. 30 Min.

1 Die Fischfilets abspülen, trockentupfen und in Würfel schneiden. Fischwürfel mit Zitronensaft und Sojasauce beträufeln. Knoblauch abziehen, Ingwer schälen, beides fein hacken. Die Chilischote längs aufschneiden und entkernen, die Hälften in feine Streifen schneiden (Achtung! Danach gleich die Hände waschen!).

2 Die Möhren und den Lauch waschen und putzen, Möhren schälen und in feine Stifte, Lauch in Streifen schneiden. Chinakohl putzen, klein schneiden und waschen. Die Sojabohnensprossen abspülen.

3 Das Sojaöl in einem Wok oder einer großen Pfanne erhitzen. Die Fischwürfel darin bei starker Hitze kurz knusprig anbraten, herausnehmen und warm stellen. Das vorbereitete Gemüse, Sprossen, Knoblauch, Ingwer und Chili im Bratfett unter Wenden bei starker Hitze ca. 5 Minuten anbraten.

4 Das Wokgemüse mit Salz, Pfeffer und Sojasauce abschmecken. Fischwürfel zugeben, das Gericht nochmals kurz erhitzen.

5 Vor dem Servieren die gerösteten Erdnüsse über die Fischpfanne streuen. Dazu passt Basmatireis.

Fleisch & Geflügel – von zart bis deftig

Provenzalisches Kräutergulasch (Foto)

200 g Schalotten
je 1 rote und gelbe Paprikaschote
2 EL Olivenöl
600 g mageres Rindergulasch
Jodsalz
je 1 TL Paprikapulver edelsüß und Piment
2 EL Balsamessig
1 TL frische Rosmarinnadeln
1 Bund Thymian
3 Lorbeerblätter
3 EL Tomatenmark
~~4 Zucchini~~ ZWIEBELN

1 Schalotten abziehen und vierteln. Paprika waschen, putzen und in fingerbreite Streifen schneiden, dabei die Kerngehäuse entfernen.
2 Das Öl in einem backofengeeigneten Topf oder einer Kasserolle erhitzen. Fleischwürfel darin von allen Seiten bräunen. Schalotten und Paprika zufügen, unter Rühren kräftig anbraten. Gewürze, Essig und Kräuter zugeben und das Gulasch mit 2 Tassen Wasser ablöschen, aufkochen.
3 Das Gulasch im vorgeheizten Backofen bei 200 °C (Gas Stufe 3–4, Umluft 180 °C) 1 Stunde schmoren.
4 1 Tasse Wasser mit dem Tomatenmark verrühren. Zucchini waschen, putzen und in grobe Würfel schneiden. Tomatenmark und Zucchiniwürfel zu dem Gulasch geben und dieses bei geöffnetem Deckel 15 Minuten im Ofen weitergaren. Dazu passen Vollkornnudeln.

Pro Portion:
270 kcal
23 g Eiweiß
13 g Fett
12 g Kohlenhydrate

Ihr Vitalstoff-Plus: Eisen
Für 4 Personen
Zubereitungszeit: ca. 25 Min.
Schmorzeit: ca. 1 Std. 15 Min.

Würziges Kohlgulasch

250 g Zwiebeln
1 kg Weißkohl
4 rote Spitzpaprikaschoten
2 EL Olivenöl
600 g mageres Rindergulasch
3 TL Kümmel
Jodsalz
Chilipulver
½ l Gemüsebrühe (Instant)
1 Dose Tomatenmark (70 g)

1 Zwiebeln abziehen und in Ringe schneiden. Kohl und Paprika waschen und klein schneiden, dabei die Kerngehäuse von den Paprikaschoten entfernen.
2 Olivenöl erhitzen und das Gulasch darin anbraten. Vorbereitetes Gemüse zugeben und ebenfalls anbraten. Gewürze, Brühe und Tomatenmark einrühren und das Gulasch 1 Stunde bei schwacher Hitze garen.
3 Gulasch mit Salz und Chili abschmecken. Dazu schmeckt herzhaftes Roggenvollkornbrot.

Pro Portion:
300 kcal
24 g Eiweiß
15 g Fett
18 g Kohlenhydrate

Ihr Vitalstoff-Plus: Karotin, ballaststoffreich
Für 4 Personen
Zubereitungszeit: ca. 20 Min.
Schmorzeit: ca. 1 Std.

Beef Curry mit Kurkumareis

Pro Portion:
450 kcal
10 g Eiweiß
10 g Fett
50 g Kohlenhydrate

Ihr Vitalstoff-Plus: Eisen
Für 4 Personen
Zubereitungszeit:
1 Std. 45 Min.
Marinierzeit: ca. 45 Min.
Schmorzeit: ca. 1 Std.

2 Knoblauchzehen
1 Stück Ingwer (ca. 2–3 cm)
1 kleine rote Chilischote
1 TL Jodsalz
1 TL zerstoßener Kreuzkümmel
1 TL Piment
½ TL Kardamom
2 EL Limettensaft

1 EL Apfeldicksaft (Reformhaus)
600 g mageres Rindergulasch
20 g Butterschmalz
2 Kaffir-Zitronenblätter (Asialaden)
1 große Gemüsezwiebel (ca. 700 g)
200 g Parboiled Reis
1 TL Kurkuma
1 Bund frischer Koriander

1 Knoblauch abziehen, Ingwer schälen, beides fein würfeln. Die Chilischote längs aufschneiden und entkernen, die Hälften in sehr dünne Streifen schneiden (Achtung! Danach gleich die Hände waschen!).

2 Knoblauch, Ingwer und Chili mit den Gewürzen, Limettensaft und Apfeldicksaft verrühren. Die Fleischwürfel in dieser Marinade 45 Minuten ziehen lassen.

3 Das Fleisch aus der Marinade nehmen, abtropfen lassen. Butterschmalz in einem Bratentopf erhitzen. Fleisch mit Zitronenblättern darin anbraten. Die Zwiebel abziehen, in grobe Stücke schneiden und dazugeben, mit andünsten.

4 Das Gulasch mit der Marinade und ½ Liter Wasser auffüllen. Im vorgeheizten Backofen bei 200 °C (Gas Stufe 3–4, Umluft 180 °C) 1 Stunde schmoren.

5 40 Minuten vor Ende der Schmorzeit den Reis in Salzwasser mit Kurkuma garen. Das Gericht mit abgespültem, fein geschnittenem Koriandergrün bestreuen.

Saltimbocca mit Blattspinat

4 dünne Kalbsschnitzel (à ca. 125 g)
Jodsalz, Pfeffer
4 Scheiben Parmaschinken (à ca. 5 g)
8 Salbeiblätter, 4 Holzstäbchen

1 EL Olivenöl, 2 Schalotten
1 kg Blattspinat (frisch oder TK-Ware)
1 EL Butter, 1 Orange
2 EL Crème fraîche mit Kräutern

1 Die Schnitzel trockentupfen, salzen und pfeffern. Jedes Schnitzel mit je 1 Scheibe Schinken und 2 Salbeiblättern belegen, der Länge nach zusammenklappen und mit einem Holzstäbchen feststecken.

2 Das Olivenöl in einer Pfanne erhitzen und die Saltimbocca von jeder Seite 2 Minuten braten. Herausnehmen und warm stellen.

3 Die Schalotten abziehen und würfeln. Den Spinat waschen. Butter in einem großen Topf zerlassen. Die Schalottenwürfel darin andünsten. Den Spinat zugeben und zusammenfallen lassen, salzen und pfeffern.

4 Die Orange schälen und die Frucht filetieren, dabei den Saft auffangen. Orangensaft zum Fleischbratfond geben.

5 Die Crème fraîche mit 1 Esslöffel Wasser glatt rühren und unter den Spinat rühren.

6 Die Saltimbocca mit den Orangenfilets anrichten, den Spinat dazu reichen.

Pro Portion:
250 kcal
35 g Eiweiß
8 g Fett
4 g Kohlenhydrate

Ihr Vitalstoff-Plus: Eisen, Karotin
Für 4 Personen
Zubereitungszeit: ca. 30 Min.

Rinderfilet aus dem Wok

500 g Rinderfilet
500 g Pak soy (Kohlart, Asialaden – ersatzweise Chinakohl)
1 Bund Schnittknoblauch, 3 Möhren
1 Stück Ingwer (ca. 2–3 cm)
4 Kaffir-Zitronenblätter (Asialaden)

3 EL Erdnussöl
Jodsalz
1 TL Kurkuma
1–2 TL Sambal oelek
200 ml Rinderfond (aus dem Glas)
4–6 EL helle Sojasauce

1 Rinderfilet kurz ins Gefriergerät legen. In hauchdünne Scheiben schneiden. Pak soy putzen, waschen, Möhren waschen und schälen, beides in dünne Streifen, Schnittknoblauch in Röllchen schneiden. Ingwer schälen und reiben, mit Zitronenblättern zum Gemüse geben.

2 Öl im Wok erhitzen. Zuerst das Fleisch unter Rühren 1 Minute knusprig braun braten, herausheben und warm halten. Gemüse im Wok unter Rühren 5 Minuten braten.

3 Fleisch wieder zufügen, mit Salz, Kurkuma und Sambal oelek würzen. Rinderfond und Sojasauce angießen, umrühren und sofort servieren. Dazu schmeckt Basmatireis.

Pro Portion:
280 kcal
28 g Eiweiß
13 g Fett
10 g Kohlenhydrate

Ihr Vitalstoff-Plus: Eisen
Für 4 Personen
Zubereitungszeit: ca. 20 Min.

Fleisch & Geflügel – von zart bis deftig

Lammfilet mit Tomaten-Bohnen-Gemüse

Pro Portion:
410 kcal
26 g Eiweiß
28 g Fett
12 g Kohlenhydrate

Ihr Vitalstoff-Plus: Karotin, Folsäure
Für 4 Personen
Zubereitungszeit: ca. 40 Min.

750 g Schneidebohnen
5 Zweige Bohnenkraut
Jodsalz
1 große Gemüsezwiebel (ca. 800 g)
2 EL Olivenöl
500 g Lammfilet
3 Zweige Majoran, Pfeffer
2 Tomaten

1 Die Bohnen waschen, putzen und in fingerbreite Stücke schneiden. Bohnenstücke mit Bohnenkraut in wenig Salzwasser 15 Minuten dünsten.

2 Inzwischen die Zwiebel abziehen und in Ringe schneiden. Das Olivenöl erhitzen, das Lammfilet und die Zwiebelringe darin 8 bis 10 Minuten anbraten. Das Fleisch mit Majoran bestreuen, salzen und pfeffern.

3 Lammfilet herausnehmen, aufschneiden. Die Bohnen abtropfen lassen. Tomaten waschen und würfeln, dabei die Stielansätze entfernen.

4 Bohnenstücke und Tomatenwürfel unter die Zwiebelringe heben, nochmals kurz erhitzen und das Gemüse mit den Filetscheiben servieren.

Lammspieße auf Joghurt-Zitronen-Sauce

Pro Portion:
520 kcal
32 g Eiweiß
35 g Fett
15 g Kohlenhydrate

Ihr Vitalstoff-Plus: Vitamin C
Für 4 Personen
Zubereitungszeit: ca. 40 Min.

600 g Lammfilet
1 rote Paprikaschote, 1 Gemüsezwiebel
2 EL Olivenöl
8 Holzspieße
1 unbehandelte Zitrone
200 g Joghurt (3,5 % Fett)
1 TL Agavendicksaft
je 1 Bund Dill und Petersilie
Jodsalz, Pfeffer
1 Salatgurke

1 Das Fleisch abspülen, trockentupfen und in fingerdicke Scheiben schneiden. Paprika waschen und putzen, Zwiebel abziehen, beides in Stücke schneiden. Fleisch-, Paprika- und Zwiebelstücke abwechselnd auf eingeölte Holzspieße ziehen.

2 Die Zitrone heiß abspülen, von einer Hälfte die Schale abreiben und die halbe Zitrone auspressen. 2 Teelöffel Zitronensaft und 1 Teelöffel -schale mit Joghurt, Agavendicksaft und den abgespülten und gehackten Kräutern verrühren. Die Sauce salzen und pfeffern.

3 Das Öl erhitzen und die Lammspieße darin unter Wenden etwa 10 Minuten braten. Herausnehmen, salzen und pfeffern.

4 Die Gurke schälen und in Scheiben schneiden, auf vier Teller verteilen und die Lammspieße darauf anrichten. Die Joghurt-Zitronen-Sauce dazu reichen. Dazu schmeckt Vollkornreis.

Rehmedaillons auf Rotkohlsalat

600 g Rotkohl
1 TL Kümmel, 2 Gewürznelken
4 EL Rotweinessig
Jodsalz
1 TL Apfeldicksaft (Reformhaus)
1 großer Apfel
1 EL Walnussöl
2 EL gehackte Walnüsse
½ Bund glatte Petersilie
4 Rehmedaillons (à ca. 100 g)
10 g Butterschmalz
grober Pfeffer

Pro Portion:
250 kcal
25 g Eiweiß
10 g Fett
20 g Kohlenhydrate

Ihr Vitalstoff-Plus: Folsäure, Vitamin C
Für 4 Personen
Zubereitungszeit: ca. 1 Std.
Marinierzeit: ca. 30 Min.

1 Den Rotkohl fein hobeln. Den gehobelten Kohl mit kochendem Wasser überbrühen, abtropfen lassen. Kümmel und Nelken zerstoßen, mit Essig, Salz, Apfeldicksaft und 2 Esslöffel Wasser verrühren und den Kohl darin marinieren. Den Apfel waschen, ungeschält in dünne Spalten schneiden und diese untermengen. Den Rotkohl mit dem Walnussöl beträufeln und mit den Walnüssen bestreuen. Den Rotkohlsalat mindestens 30 Minuten marinieren. Inzwischen die Petersilie abspülen und fein hacken.

2 Die Rehmedaillons trockentupfen. Das Butterschmalz erhitzen und die Medaillons darin von jeder Seite 3 bis 4 Minuten braten (sie sollten innen gar sein!).

3 Fleisch herausnehmen, salzen und pfeffern. Die Rehmedaillons auf dem Rotkohlsalat anrichten, mit Petersilie bestreut servieren.

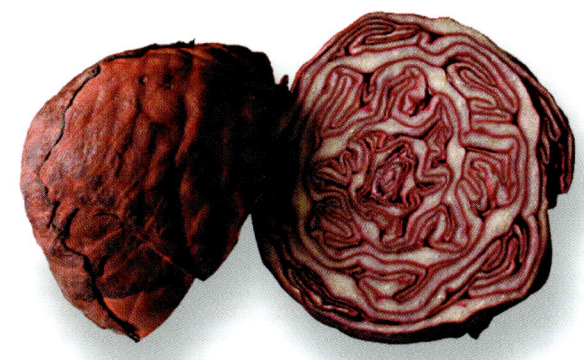

Fleisch & Geflügel – von zart bis deftig

Parmesanschnitzel auf Couscous (Foto)

250 g Couscous (vorgegarter Weizen; ersatzweise Ebly)
300 ml Gemüsebrühe (Instant)
1 Dose Tomaten (425 ml)
Jodsalz, Paprikapulver edelsüß
4 kleine Schweineschnitzel (à ca. 150 g)
Pfeffer
1 Ei (Größe M)
50 g Vollkornpaniermehl
je 2 EL geriebener Parmesan und Butterschmalz
50 g Vollkornmehl
3 Stiele Basilikum

Pro Portion:
460 kcal
63 g Eiweiß
11 g Fett
22 g Kohlenhydrate

Ihr Vitalstoff-Plus: Vitamin B_1
Für 4 Personen
Zubereitung: ca. 30 Min.

1 Den Weizen in der Brühe 10 Minuten garen. Die Tomaten zufügen, die Weizen-Tomaten-Mischung bei geöffnetem Topf 5 Minuten abdämpfen. Mit Salz und Paprikapulver würzen.

2 Die Schnitzel unter kaltem Wasser abspülen, trockentupfen, salzen und pfeffern. Das Ei verquirlen. Das Paniermehl mit dem Parmesan mischen.

3 Das Butterschmalz erhitzen. Das Fleisch panieren. Dazu die Schnitzel zuerst im Mehl wenden, dann durch das Ei und zuletzt durch die Parmesan-Mischung ziehen. Die Schnitzel sofort im Butterschmalz von jeder Seite braun braten.

4 Inzwischen das Basilikum abspülen, die Blättchen abzupfen und diese auf dem Weizen anrichten.

Medaillons in Steinpilz-Petersilien-Sauce

800 g Schweinefilet
2 Schalotten
500 g Steinpilze
1 EL Olivenöl
Jodsalz, Pfeffer
1 Petersilienwurzel
2 Bund glatte Petersilie
200 ml Steinpilz-Hefebrühe (Instant, Reformhaus)
100 g Schlagsahne
1 EL Saucenbinder

Pro Portion:
340 kcal
53 g Eiweiß
15 g Fett
3 g Kohlenhydrate

Ihr Vitalstoff-Plus: Magnesium, Vitamin B_1
Für 4 Personen
Zubereitungszeit: ca. 30 Min.

1 Filet abspülen und in daumendicke Scheiben schneiden. Schalotten abziehen und würfeln, Pilze putzen und in feine Scheiben schneiden. Öl erhitzen und alles zusammen darin anbraten. Die Filets nach 1 Minute wenden und 1 weitere Minute braten. Das Fleisch salzen, pfeffern und warm stellen.

2 Petersilienwurzel waschen, putzen und in den Fond raspeln, 5 Minuten dünsten. Petersilie abspülen, hacken und dazugeben.

3 Den Fond mit Brühe und Sahne ablöschen, aufkochen. Saucenbinder einrühren und die Sauce salzen und pfeffern. Das Fleisch in die Sauce geben. Dazu schmecken Vollkornspätzle.

Fleisch & Geflügel – von zart bis deftig

Riesling-Hähnchen auf Spitzkohlgemüse

4 kleine Hähnchenkeulen (à ca. 150 g)
Jodsalz
Pfeffer
2 EL Olivenöl
2 Knoblauchzehen
1 große Gemüsezwiebel (ca. 700 g)
200 ml trockener Weißwein (z. B. Riesling)
1 Lorbeerblatt
750 g Spitzkohl
Paprikapulver edelsüß

Pro Portion:
300 kcal
34 g Eiweiß
10 g Fett
9 g Kohlenhydrate

Ihr Vitalstoff-Plus: Zink, Selen
Für 4 Personen
Zubereitungszeit: ca. 50 Min.

1 Hähnchenkeulen abspülen, trockentupfen, salzen und pfeffern. Das Öl in einer großen Kasserolle erhitzen, die Keulen darin von allen Seiten kräftig anbraten.

2 Knoblauch und Gemüsezwiebel abziehen, Knoblauch vierteln, Zwiebel in Ringe schneiden. Beides mit in den Topf geben und anbraten. Den Fond mit 100 Milliliter Wein ablöschen. Das Lorbeerblatt zufügen und die Keulen im geschlossenen Topf etwa 30 Minuten schmoren.

3 Den Spitzkohl in Streifen schneiden, diese abspülen und mit dem restlichen Wein zu den Hähnchenkeulen geben.

4 Das Gericht 10 Minuten weiterschmoren. Mit Salz, Pfeffer und Paprika kräftig würzen. Dazu passt herzhaftes Vollkornbrot.

Hähnchenfilet mit Käsehaube

4 Hähnchenfilets (à ca. 125 g)
Jodsalz, Zitronenpfeffer
1 EL Olivenöl
4 Fleischtomaten
1 Bund Basilikum
4 Scheiben Schnittkäse (z. B. Fontina, Danbo)

Pro Portion:
250 kcal
7 g Eiweiß
9 g Fett
5 g Kohlenhydrate

Ihr Vitalstoff-Plus: Karotin
Für 4 Personen
Zubereitungszeit: ca. 30 Min.

1 Die Filets abspülen, trockentupfen, salzen und pfeffern. Das Öl erhitzen und die Filets darin von beiden Seiten knusprig braun braten. Tomaten waschen und in Scheiben schneiden, dabei die Stielansätze entfernen. Basilikum abspülen, Blättchen abzupfen und hacken. Tomaten und Basilikum zu den Hähnchen geben und 8 Minuten mitschmoren. Das Gericht salzen und pfeffern.

2 Das Tomatengemüse in eine Auflaufform füllen, die Filets obenauf legen und mit je 1 Scheibe Käse belegen.

3 Die Filets unter dem heißen Grill kurz überbacken, bis der Käse geschmolzen ist. Dazu schmeckt Vollkornreis.

Kräuterrouladen in Gemüsesauce

4 dünne Putenrouladen (à ca. 150 g)
Jodsalz, 1 Prise Piment
1 EL süßer Senf
1 Bund Petersilie, 3 Stiele Salbei
½ Bund Thymian

4 Rouladennadeln oder Küchengarn
1 EL Butterschmalz
100 g Schalotten
1 Staude Stangensellerie, 2 Möhren
¼ l Gemüsebrühe (Instant), 1 EL Saucenbinder

1 Die Putenscheiben abspülen, trockentupfen, mit Salz und Piment würzen und mit Senf bestreichen. Kräuter abspülen, die Blättchen abzupfen und hacken. Gehackte Kräuter auf den Fleischscheiben verteilen. Die Putenscheiben zu Rouladen aufrollen und mit Rouladennadeln feststecken oder mit Küchengarn zusammenbinden.

2 Butterschmalz in einem Schmortopf erhitzen, Rouladen darin rundherum anbraten.

3 Die Schalotten abziehen und vierteln. Sellerie und Möhren waschen, putzen und in kleine Stücke schneiden. Gemüse zu den Rouladen geben, diese mit der Gemüsebrühe auffüllen und 30 Minuten schmoren.

4 Die Rouladen herausnehmen, den Fond pürieren und mit dem Saucenbinder binden. Dazu passt Vollkornreis.

Pro Portion:
250 kcal
38 g Eiweiß
6 g Fett
6 g Kohlenhydrate

Ihr Vitalstoff-Plus: Niacin
Für 4 Personen
Zubereitungszeit: ca. 30 Min.

Chicken-Hamburger

4 Hähnchenfilets (à ca. 125 g)
1 TL Olivenöl
Jodsalz, Pfeffer

4 Vollkornbrötchen mit Sojaschrot
4 TL Joghurt-Salatcreme (30 % Fett)
4 Salatblätter, ½ Salatgurke, 4 Tomaten

1 Filets trockentupfen, dünn mit Öl bestreichen, salzen und pfeffern. Die Filets in einer Pfanne von beiden Seiten 8 Minuten braten.

2 Brötchen halbieren, rösten, etwas abkühlen lassen und mit Salatcreme bestreichen. Salatblätter waschen, Gurke und Tomaten waschen, Gurke schälen und beides in Scheiben schneiden.

3 Die Brötchen mit Salatblättern, Gurken- und Tomatenscheiben sowie den gebratenen Hähnchenfilets belegen, pfeffern, zusammenklappen und sofort servieren.

Pro Portion:
290 kcal
33 g Eiweiß
6 g Fett
25 g Kohlenhydrate

Ihr Vitalstoff-Plus: ballaststoffreich
Für 4 Personen
Zubereitungszeit: ca. 15 Min.

Fleisch & Geflügel – von zart bis deftig

Entenbrust auf Pfifferling-Wirsing-Gemüse

Pro Portion:
720 kcal
22 g Eiweiß
66 g Fett
5 g Kohlenhydrate

Ihr Vitalstoff-Plus: Folsäure
Für 4 Personen
Zubereitungszeit: ca. 45 Min.
Schmorzeit: ca. 40 Min.

2 Entenbrustfilets mit Haut (à ca. 300 g)
Jodsalz, Pfeffer
50 ml trockener Rotwein (z. B. Schwarzriesling)
300 g Pfifferlinge
1 Schalotte, 2 Knoblauchzehen
1 kg Wirsing
1 EL Butter
200 ml Pilzfond (aus dem Glas)

1 Die Entenbrustfilets abspülen, trockentupfen und auf der Hautseite in 1 cm Abstand mit einem scharfen Messer einritzen. Die Filets mit Salz und Pfeffer einreiben.

2 Eine Pfanne erhitzen und das Fleisch darin ohne Zugabe von Fett auf der Hautseite anbraten, bis reichlich Fett austritt. Das Fett abgießen, den Rotwein angießen und verdampfen lassen. 1 Tasse Wasser angießen und die beiden Filets bei geschlossener Pfanne und mittlerer Hitze 40 Minuten schmoren.

3 Inzwischen die Pilze putzen, Schalotte und Knoblauch abziehen und fein würfeln. Den Wirsing hobeln und abspülen.

4 Die Butter zerlassen, Schalotten- und Knoblauchwürfel darin anbraten, Pilze dazugeben. Den gehobelten Wirsing ebenfalls zugeben und kurz mit anbraten. Den Pilzfond angießen und das Gemüse 10 Minuten schmoren. Mit Salz und Pfeffer würzen.

5 Nach Ende der Schmorzeit die Entenbrüste herausnehmen, die Haut entfernen und das Fleisch in Scheiben schneiden.

6 Die Entenbrustscheiben auf dem Wirsing-Gemüse anrichten. Dazu schmecken Vollkornspätzle.

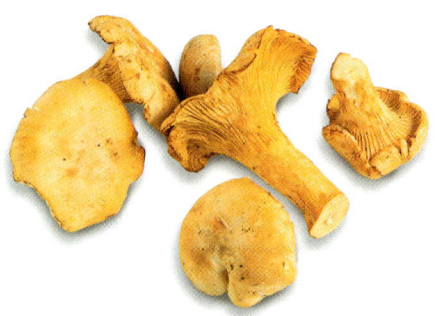

Bunte Chinapfanne

20 g getrocknete, chinesische Mu-err-Pilze
2 rote Paprikaschoten
2 Stangen Lauch
2 Möhren
600 g Schweineschnitzel
2 Knoblauchzehen
1 Stück Ingwer (ca. 2–3 cm)
2 EL Sojaöl
5 EL dunkle Sojasauce
1–2 TL Chinagewürz

1 Pilze in warmem Wasser einweichen. Das Gemüse waschen, putzen und in sehr dünne Scheiben schneiden, dabei von den Paprika die Kerngehäuse entfernen. Das Fleisch trockentupfen und ebenfalls in sehr dünne Streifen schneiden. Knoblauch abziehen, Ingwer schälen und beides fein würfeln.
2 Das Sojaöl erhitzen. Knoblauch und Ingwer zusammen mit den Fleischstreifen darin unter Wenden knusprig braun braten. Fleisch herausnehmen und das Gemüse in der Pfanne anbraten. Pilze ausdrücken, in Streifen schneiden und zufügen. Sojasauce und 1 Tasse Wasser angießen. Das Gemüse 5 Minuten schmoren. Die Fleischstreifen wieder hineingeben und das Gericht mit Chinagewürz abschmecken. Dazu schmeckt körnig gekochter Parboiled Reis.

Pro Portion:
260 kcal
35 g Eiweiß
7 g Fett
9 g Kohlenhydrate

Ihr Vitalstoff-Plus: Karotin, Vitamin C
Für 4 Personen
Zubereitungszeit: ca. 30 Min.

Greyerzer Schnitzelpfanne

2 Kohlrabis
1 Bund Lauchzwiebeln
1 gelbe Paprikaschote
2 Tomaten
4 Putenschnitzel (à ca. 150 g)
Jodsalz
Zitronenpfeffer
2 EL Olivenöl
50 g Crème fraîche mit Kräutern
100 g Greyerzer Käse

1 Das Gemüse waschen und putzen. Kohlrabi in dünne Scheiben, Lauchzwiebeln in Ringe, Paprika in Streifen und Tomaten in Scheiben schneiden. Die Schnitzel trockentupfen, salzen und pfeffern.
2 Das Olivenöl in einer Pfanne erhitzen, das vorbereitete Gemüse und die Schnitzel darin anbraten, salzen und pfeffern. Crème fraîche und 2 Esslöffel Wasser zugeben und die Schnitzelpfanne zugedeckt 15 Minuten dünsten.
3 Vor dem Servieren den Käse darüber reiben. Dazu schmecken Vollkornreis und ein bunter Blattsalat.

Pro Portion:
430 kcal
33 g Eiweiß
15 g Fett
15 g Kohlenhydrate

Ihr Vitalstoff-Plus: Kalzium, Vitamin C
Für 4 Personen
Zubereitungszeit: ca. 40 Min.

Fleisch & Geflügel – von zart bis deftig

Kräuterfrikadellen auf Radieschen-Kartoffel-Salat (Foto)

Pro Portion:
500 kcal
35 g Eiweiß
25 g Fett
31 g Kohlenhydrate

Ihr Vitalstoff-Plus: Eisen
Für 4 Personen
Zubereitungszeit:
ca. 1 Std. 30 Min.

600 g kleine, neue Kartoffeln
je 2 Bund Radieschen und Schnittlauch
5 EL Sherryessig
Jodsalz, Pfeffer
1 EL Kümmel
2 EL Weizenkeimöl
600 g gemischtes Hackfleisch
1 Ei (Größe M), 2 Vollkorntoastscheiben
2 EL Pesto (aus dem Glas)
1 Bund Petersilie, 1 EL Sojaöl

1 Die Kartoffeln waschen und in der Schale kochen. Radieschen waschen, putzen und vierteln. Schnittlauch abspülen, hacken.

2 Essig, Salz, Pfeffer, Kümmel und Weizenkeimöl zu einer Marinade verrühren, diese über die Radieschen geben. Gekochte Kartoffeln pellen, in Viertel schneiden und warm unter die Radieschen mischen.

3 Hackfleisch mit Ei, eingeweichten und ausgedrückten Toastscheiben, Salz, Pfeffer, Pesto und gehackter Petersilie verkneten.

4 Aus der Fleischmasse mit dem Händen flache Frikadellen formen. Das Sojaöl erhitzen und die Frikadellen von jeder Seite bei mittlerer Hitze 5 Minuten braten. Auf dem Salat anrichten.

Hackfleischbällchen mit Schmorgurken

Pro Portion:
370 kcal
30 g Eiweiß
23 g Fett
10 g Kohlenhydrate

Ihr Vitalstoff-Plus: Zink
Für 4 Personen
Zubereitungszeit: ca. 1 Std.

3 EL Couscous (Instant), 1 Zwiebel
500 g gemischtes Hackfleisch
1 Ei (Größe M)
Jodsalz, Pfeffer, Paprikapulver edelsüß
2 EL Olivenöl
1,2 kg Salatgurken
1 TL Senfkörner
100 ml Gemüsebrühe (Instant)
1 Bund Dill
100 g saure Sahne (10 % Fett)

1 Den Couscous nach Packungsangabe quellen lassen. Zwiebel abziehen und würfeln. Aus Zwiebelwürfeln, Hackfleisch, Ei, Couscous und Gewürzen einen Teig kneten.

2 Das Olivenöl erhitzen. Aus dem Fleischteig kleine Bällchen formen und diese im Öl knusprig braun braten. Herausnehmen und auf Küchenkrepp abtropfen lassen.

3 Die Gurken längs halbieren und entkernen, das Gurkenfleisch in Scheiben schneiden und im Bratfond andünsten. Gurkengemüse salzen, pfeffern und die zerdrückten Senfkörner zufügen. Die Brühe angießen und das Gemüse insgesamt etwa 10 Minuten dünsten.

4 Die Hackbällchen zu den Schmorgurken geben, bei milder Hitze 5 Minuten ziehen lassen. Den Dill abspülen und fein hacken. Saure Sahne und Dill zu dem Gericht geben. Dazu schmeckt Getreide oder Reis.

Fleisch & Geflügel – von zart bis deftig

Orientalische Hähnchenkeulen auf Aprikosenreis

Pro Portion:
430 kcal
35 g Eiweiß
10 g Fett
45 g Kohlenhydrate

Ihr Vitalstoff-Plus: Karotin
Für 4 Personen
Zubereitungszeit: ca. 50 Min.

4 Hähnchenkeulen (à ca. 200 g)
Jodsalz
Harissa (arabische Würzpaste, in türkischen Lebensmittelläden)
2 EL Sojaöl, 200 g Naturreis
Jodsalz
2 Gewürznelken
1 EL Agavendicksaft
3 EL Zitronensaft
1 TL Garam masala
100 g getrocknete Aprikosen
3 Stiele Minze

1 Die Hähnchenkeulen abspülen, trockentupfen und mit Salz und Harissa einreiben. Das Sojaöl in einer Pfanne erhitzen, die Keulen darin braun braten und zugedeckt bei schwacher Hitze 20 Minuten garen.
2 Den Reis abspülen, in Salzwasser mit den Gewürznelken 25 Minuten kochen.
3 Inzwischen Agavendicksaft mit 2 Esslöffel Zitronensaft und Garam masala zu einer Marinade verrühren. Die getrockneten Aprikosen würfeln und darin marinieren.
4 Den restlichen Zitronensaft während des Bratens über die Hähnchenkeulen träufeln.
5 Die Minze abspülen und die Blättchen abzupfen. Den Reis mit den marinierten Aprikosen mischen und die Minzeblättchen darauf verteilen. Die Hähnchenkeulen auf dem Aprikosenreis anrichten.

Indisches Kokoshähnchen

Pro Portion:
460 kcal
47 g Eiweiß
23 g Fett
8 g Kohlenhydrate

Ihr Vitalstoff-Plus: Selen
Für 4 Personen
Zubereitungszeit: ca. 45 Min.
Marinierzeit: ca. 15 Min.

800 g Hähnchenbrustfilet
2 Knoblauchzehen, Jodsalz
Saft von 1 Limette, 1 Stängel Zitronengras
250 g Zwiebeln, 1 rote Chilischote
20 g Butterschmalz
je 1 TL Kurkuma und Koriander
1 Prise Kardamom
100 g Kokosraspel, 250 g Joghurt

1 Filet trockentupfen und würfeln. Knoblauch abziehen und zerdrücken. 1 Teelöffel Salz mit Limettensaft und Knoblauch verrühren. Fleisch darin 15 Minuten marinieren. Zitronengras in Ringe schneiden. Zwiebeln abziehen und würfeln. Chilischote längs halbieren, entkernen und in feine Ringe schneiden (Achtung! Danach gleich die Hände waschen!).
2 Butterschmalz erhitzen. Chiliringe, Gewürze und Zwiebeln darin anbraten. Hähnchenwürfel samt Marinade zufügen und unter Rühren anbraten, bis die Flüssigkeit verdunstet ist. Kokosraspel und Joghurt zufügen, 20 Minuten schmoren. Dazu passt Basmatireis.

Gefüllte Hähnchenfilets

1 kg Brokkoli
Jodsalz
4 Hähnchenfilets (à ca. 125 g)
Pfeffer, geriebene Muskatnuss

4 EL Kräuter-Frischkäse
4 Holzstäbchen, 1 EL Olivenöl
100 g Schlagsahne
1 unbehandelte Zitrone

1 Den Brokkoli putzen, in Röschen teilen und diese abspülen. Brokkoliröschen in Salzwasser 8 Minuten garen.
2 Inzwischen die Hähnchenfilets abspülen und trockentupfen. Die Fleischstücke mit Salz, Pfeffer und Muskatnuss einreiben. In jedes Filetstück eine Tasche schneiden, den Frischkäse hineinstreichen und die Tasche mit einem Holzstäbchen verschließen.
3 Das Olivenöl erhitzen und die Hähnchenfilets darin von jeder Seite 3 bis 4 Minuten braten. Herausnehmen und warm stellen.
4 Den Brokkoli abgießen und zusammen mit der Sahne im Bratfond schwenken. Die Zitrone heiß abspülen und von einer Hälfte die Schale abreiben, die andere Hälfte in Scheiben schneiden. Die Zitronenschale zu dem Brokkoli geben.
5 Die Hähnchenfilets mit je 1 Zitronenscheibe auf vier Tellern anrichten und den Brokkoli dazu reichen. Dazu passt Vollkornreis.

Pro Portion:
280 kcal
53 g Eiweiß
13 g Fett
6 g Kohlenhydrate

Ihr Vitalstoff-Plus: Karotin, Folsäure
Für 4 Personen
Zubereitungszeit: ca. 20 Min.

Hähnchen-Sesam-Gemüse

2 Stangen Lauch, 1 kg Chinakohl
400 g Hähnchenfilet
2 EL Sojaöl
Jodsalz, 1 TL Currypulver

Saft von 1 Limette
1 TL Agavendicksaft
4 EL Austernsauce (asiatische Würzsauce, Asialaden)
1 EL Sesamsaat, 1 TL Chiliöl

1 Gemüse waschen und putzen, Fleisch abspülen. Alles in fingerbreite Streifen schneiden. Sojaöl erhitzen. Lauch, Chinakohl und Fleisch darin unter Rühren anbraten. Mit Salz, Curry, Limettensaft, Dicksaft und Austernsauce würzen.
2 200 Milliliter Wasser aufgießen und alles 5 Minuten garen. Sesamkörner ohne Zugabe von Fett anrösten. Körner auf das Gemüse streuen, mit Chiliöl beträufeln. Dazu passt Naturreis.

Pro Portion:
220 kcal
26 g Eiweiß
8 g Fett
8 g Kohlenhydrate

Ihr Vitalstoff-Plus: Folsäure, Vitamin C
Für 4 Personen
Zubereitungszeit: ca. 30 Min.

Fleisch & Geflügel – von zart bis deftig

Putenragout mit Champignons

800 g Putenfleisch aus der Keule
2 EL Maiskeimöl
1 Bund Lauchzwiebeln
200 g Champignons
Jodsalz, Zitronenpfeffer

1 Prise Piment, 1 EL Zitronensaft
¼ l Hühnerbrühe (Instant)
3 Zweige Estragon
1 Eigelb
100 g saure Sahne (10 % Fett)

Pro Portion:
360 kcal
52 g Eiweiß
11 g Fett
3 g Kohlenhydrate

Ihr Vitalstoff-Plus: Eisen, Zink
Für 4 Personen
Zubereitungszeit: ca. 20 Min.
Schmorzeit: ca. 40 Min.

1 Das Fleisch abspülen, trockentupfen und würfeln. Das Maiskeimöl in einem Schmortopf erhitzen, die Fleischwürfel darin anbraten. Die Lauchzwiebeln waschen, putzen und in Ringe schneiden. Die Champignons putzen und blättrig schneiden. Lauchzwiebelringe und Champignons zu den Putenwürfeln geben und mit anbraten. Mit Salz, Zitronenpfeffer und Piment würzen.

2 Das Ragout mit Zitronensaft und Hühnerbrühe ablöschen und zugedeckt bei schwacher Hitze 40 Minuten schmoren.

3 Estragon abspülen, die Blättchen abzupfen, hacken und zu dem Ragout geben. Das Eigelb mit der sauren Sahne verquirlen und das Ragout damit binden. Dazu schmeckt körnig gekochter Wildreis.

Putenspieße auf Chinakohlsalat

750 g Chinakohl, 2 Orangen
150 g Joghurt (1,5 % Fett)
1 TL Apfeldicksaft, Jodsalz
1 Prise Piment, Currypulver

400 g Putenschnitzel
1 Stange Lauch, 100 g Champignons
4 Holzspieße, 2 EL Sojaöl

Pro Portion:
30 kcal
30 g Eiweiß
7 g Fett
12 g Kohlenhydrate

Ihr Vitalstoff-Plus: Vitamin C
Für 4 Personen
Zubereitungszeit: ca. 40 Min.

1 Chinakohl waschen, putzen und in feine Streifen schneiden. Orangen schälen und filetieren, dabei den Saft auffangen. Saft mit Joghurt verrühren, Dicksaft, Salz und Gewürze zufügen. Kohlstreifen mit Orangenfilets und Dressing mischen.

2 Für die Spieße das Fleisch trockentupfen und würfeln. Lauch putzen, waschen und in Ringe schneiden, Pilze putzen und halbieren.

3 Holzspieße einölen, Fleisch und Gemüse abwechselnd darauf stecken. Restliches Öl erhitzen und die Spieße darin rundum 10 Minuten braten. Mit Salz und Piment würzen und auf dem Salat anrichten.

Chicken Wings auf Sprossensalat

12 Hühnerflügel
4 EL Sojasauce
1 TL Sambal oelek
2 EL Sojaöl
250 g Sojabohnensprossen
Jodsalz

1 Bund Lauchzwiebeln
2 EL Zitronensaft
1 TL Apfeldicksaft (Reformhaus)
1 TL Currypulver
1 großer Apfel (z. B. Boskop)
1 Kästchen Kresse

1 Die Hühnerflügel abspülen, trockentupfen und mit Sojasauce und Sambal oelek bestreichen. Die Flügel 10 Minuten durchziehen lassen.

2 Das Sojaöl in einer Pfanne erhitzen, die Flügel darin rundherum knusprig braun braten.

3 Die Sojasprossen abspülen, in kochendem Salzwasser 1 Minute blanchieren, abgießen und abtropfen lassen. Die Lauchzwiebeln waschen, putzen und in Ringe schneiden.

4 Den Zitronensaft mit dem Apfeldicksaft und dem Currypulver verrühren. Den Apfel waschen und fein würfeln, dabei das Kerngehäuse entfernen. Die Apfelwürfel unter das Dressing rühren. Sprossen und Lauchzwiebelringe mit dem Dressing mischen.

5 1 Esslöffel Bratfond auf dem Salat verteilen und die Hähnchenflügel darauf anrichten. Die Kresse abschneiden, abspülen und das Gericht damit bestreuen.

Pro Portion:
490 kcal
30 g Eiweiß
30 g Fett
15 g Kohlenhydrate

Ihr Vitalstoff-Plus: Vitamin C
Für 4 Personen
Zubereitungszeit: ca. 40 Min.

Blitzschnelle Pasta-Rezepte & die besten Saucen

Gebratener grüner Spargel mit Mozzarella und Tagliatelle (Foto)

2 EL Pinienkerne
350 g Vollkornnudeln aus Hartweizen (z. B. Tagliatelle)
Jodsalz
750 g grüner Spargel
2 EL Butter
Saft von 1 Orange
100 ml Gemüsebrühe (Instant)
Pfeffer
1 Pck. Mozzarella (125 g)

1 Die Pinienkerne in einer Pfanne ohne Zugabe von Fett rösten, herausnehmen. Die Nudeln nach Packungsanleitung in Salzwasser bissfest kochen.

2 Inzwischen die Spargelstangen waschen, holzige Enden abschneiden und die Stangen nur im unteren Drittel schälen. Den Spargel in Stücke schneiden. Die Butter in einer Pfanne erhitzen und die Spargelstücke darin anbraten. Mit Orangensaft und Brühe ablöschen und würzen. Den Spargel zugedeckt bei schwacher Hitze ca. 5 Minuten garen.

3 Nudeln abgießen, abtropfen lassen und mit dem Spargel mischen. Mozzarella abtropfen lassen, würfeln und über die Nudeln streuen.

4 Den Deckel der Pfanne nochmals kurz auflegen, bis der Käse geschmolzen ist. Das Gericht mit frisch gemahlenem Pfeffer und Pinienkernen bestreut servieren.

Pro Portion:
470 kcal
23 g Eiweiß
15 g Fett
59 g Kohlenhydrate

Ihr Vitalstoff-Plus: Kalium, Kupfer, Vitamin C
Für 4 Personen
Zubereitungszeit: ca. 30 Min.

Gemüse-Champignon-Spaghetti

350 g Vollkornspaghetti aus Hartweizen
Jodsalz
150 g rosé Champignons
2 Lauchzwiebeln
je 1 rote und grüne Paprikaschote
2 Zucchini
3 Stangen Staudensellerie
2 Fenchelknollen
2 EL Olivenöl
Pfeffer
1 Bund Rucola
50 g Parmesan

1 Die Nudeln nach Packungsanleitung in Salzwasser bissfest kochen.

2 Inzwischen das Gemüse waschen, putzen und klein schneiden. Das Olivenöl in einer großen Pfanne erhitzen, das vorbereitete Gemüse darin unter Wenden 10 Minuten braten, salzen und pfeffern.

3 Rucola verlesen, abspülen und klein zupfen. Nudeln abgießen, abtropfen lassen und mit Rucola unter das Gemüse mischen.

4 Das Gericht nochmals mit Salz und Pfeffer abschmecken und mit frisch geriebenem Parmesan servieren.

Pro Portion:
450 kcal
23 g Eiweiß
11 g Fett
63 g Kohlenhydrate

Ihr Vitalstoff-Plus: ballaststoffreich, Magnesium, Eisen, Zink
Für 4 Personen
Zubereitungszeit: ca. 25 Min.

Tagliatelle mit Steinpilz-Tatar und Brokkoligemüse

Pro Portion:
360 kcal
20 g Eiweiß
3 g Fett
59 g Kohlenhydrate

Ihr Vitalstoff-Plus: Vitamin C und A, Folsäure
Für 4 Personen
Zubereitungszeit: ca. 30 Min.
Einweichzeit: ca. 20 Min.

125 ml Gemüsebrühe (Instant)
100 ml trockener Rotwein
40 g getrocknete Steinpilze
2 Schalotten, 2 EL Butter
Jodsalz, Pfeffer

350 g Vollkornnudeln aus Hartweizen
(z. B. Tagliatelle, Bandnudeln)
75 g getrocknete Tomaten
750 g Brokkoli
geriebene Muskatnuss

1 Die Gemüsebrühe erhitzen, den Rotwein dazugeben. Die Pilze in der Flüssigkeit 20 Minuten einweichen. Die Pilze abgießen, dabei die Einweichflüssigkeit auffangen. Steinpilze sehr fein hacken. Schalotten abziehen und fein hacken.

2 1 Esslöffel Butter erhitzen und die Schalotten darin glasig dünsten. Pilze zugeben und kurz mit andünsten, würzen. Das Pilz-Tatar mit der Einweichflüssigkeit ablöschen und bei starker Hitze einkochen lassen, bis die Flüssigkeit fast ganz verdampft ist.

3 Die Nudeln nach Packungsanweisung in Salzwasser bissfest kochen. Tomaten klein schneiden. Brokkoli putzen, in Röschen teilen und diese waschen. Dicke Brokkolistiele schälen und klein schneiden.

4 Die restliche Butter erhitzen, Tomaten und Brokkoli darin andünsten, mit Salz, Pfeffer und Muskat würzen. 6 Esslöffel Wasser zufügen und alles bei schwacher Hitze zugedeckt ca. 10 Minuten dünsten.

5 Nudeln abgießen, mit dem Pilz-Tatar mischen, Brokkoligemüse dazu servieren.

Gebratene Nudeln aus dem Wok

250 g chinesische Nudeln (Soba, Asialaden)
1 Stück Ingwer (ca. 2–3 cm)
1 Knoblauchzehe, 1 Bund Lauchzwiebeln
½ Weißkohl (ca. 500 g)
100 g Sojabohnensprossen
2 EL gesalzene Erdnüsse
2 EL Sojaöl, 1 Bund frischer Koriander

Für die Sauce:
½ TL Salz
1 TL Agavendicksaft
3 EL milder Reisessig (Asialaden)
4 EL Sojasauce
1 Msp. Sambal oelek

Pro Portion:
350 kcal
11 g Eiweiß
7 g Fett
58 g Kohlenhydrate

Ihr Vitalstoff-Plus: ballaststoffreich, Folsäure
Für 4 Personen
Zubereitungszeit: ca. 30 Min.

1 Die Nudeln nach Packungsanleitung in Salzwasser bissfest kochen.

2 Inzwischen Ingwer schälen, Knoblauch abziehen, beides fein hacken. Das Gemüse waschen und putzen, in feine Streifen schneiden, Sojabohnensprossen abspülen. Die Erdnüsse grob hacken.

3 Das Sojaöl in einer großen Pfanne oder einem Wok erhitzen, Ingwer und Knoblauch darin anbraten. Vorbereitetes Gemüse, Sprossen und Erdnüsse zugeben und unter Wenden ca. 5 Minuten braten.

4 Für die Sauce alle Zutaten verrühren und zusammen mit den abgetropften Nudeln zum Gemüse geben, alles nochmals unter Wenden kräftig durchbraten.

5 Korianderblättchen darüber streuen. Bei Tisch eventuell mit Sojasauce nachwürzen.

Nudelpfanne mit Pfifferlingen

350 g Vollkornnudeln aus Hartweizen (z. B. Penne)
Jodsalz, Pfeffer
40 g getrocknete Tomaten in Öl
2 Schalotten
750 g frische Pfifferlinge (ersatzweise Champignons oder TK-Ware)
125 g Schlagsahne
½ Bund glatte Petersilie

Pro Portion:
400 kcal
16 g Eiweiß
12 g Fett
55 g Kohlenhydrate

Ihr Vitalstoff-Plus: Kalium, Eisen, Kupfer, Fluor
Für 4 Personen
Zubereitungszeit: ca. 30 Min.

1 Die Nudeln nach Packungsanleitung in Salzwasser bissfest kochen.

2 Inzwischen die Tomaten abtropfen lassen, dabei 2 Esslöffel des Öls auffangen. Tomaten klein schneiden. Schalotten abziehen und fein hacken. Tomatenöl erhitzen und Schalotten darin glasig dünsten. Pilze verlesen und putzen. Pilze klein schneiden, zu den Schalotten geben und bei starker Hitze ca. 5 Minuten braten, würzen. Mit Sahne ablöschen.

3 Nudeln abgießen, abtropfen lassen und mit den Tomaten zu den Pilzen geben. Das Gericht nochmals kurz aufkochen, mit Salz und Pfeffer abschmecken. Petersilie abspülen, hacken und über die Nudelpfanne streuen.

Auberginen-Nudel-Auflauf

250 g Vollkornnudeln aus Hartweizen (z. B. Penne)
Jodsalz, 3 mittelgroße Auberginen
2 EL Olivenöl, Pfeffer
½ TL getrocknete Kräuter der Provence

1 Dose stückige Tomaten (850 ml)
2 Pck. Mozzarella (à 125 g)
1 EL Vollkornpaniermehl
4 EL frisch geriebener Parmesan

Pro Portion:
500 kcal
28 g Eiweiß
20 g Fett
51 g Kohlenhydrate

Ihr Vitalstoff-Plus: Kalium, Mangan, ballaststoffreich
Für 4 Personen
Zubereitungszeit: ca. 1 Std.
Backzeit: ca. 40 Min.

1 Die Nudeln nach Packungsanleitung in Salzwasser bissfest kochen.

2 Inzwischen die Auberginen waschen, putzen und in ½ cm dicke Scheiben schneiden. Die Nudeln abgießen und abtropfen lassen.

3 Eine Auflaufform dünn mit 1 Esslöffel Olivenöl auspinseln. Die Form mit einer Schicht Auberginenscheiben dachziegelartig auslegen, würzen und darauf ⅓ der Tomaten und Nudeln verteilen. Jede Schicht des Auflaufs mit dem restlichen Öl beträufeln.

4 Mit den restlichen Auflaufzutaten ebenso verfahren, den Auflauf mit einer Schicht Tomaten abschließen. Die beiden Mozzarella abtropfen lassen, in Scheiben schneiden und darauf verteilen. Paniermehl und Parmesan mischen und darüber streuen.

5 Den Auflauf im vorgeheizten Backofen bei 200 °C (Gas Stufe 3–4, Umluft 180 °C) ca. 40 Minuten goldbraun backen.

Tipp Der Auflauf schmeckt auch prima, wenn Sie statt der Auberginen Zucchini oder im Winter in wenig Olivenöl angedünstete Lauchringe verwenden.

Tomatennudeln mit Käsekruste

400 g Vollkornspaghetti aus Hartweizen
Jodsalz, 750 g Fleischtomaten
1–2 TL Pesto (aus dem Glas)
1 Pck. Mozzarella (125 g)

1 TL abgeriebene unbehandelte Zitronenschale
Pfeffer
75 g Pumpernickel
50 g frisch geriebener Parmesan

Pro Portion:
570 kcal
28 g Eiweiß
19 g Fett
72 g Kohlenhydrate

Ihr Vitalstoff-Plus: Phosphor, Kalium, Eisen, Zink
Für 4 Personen
Zubereitungszeit: ca. 30 Min.
Backzeit: ca. 10 Min.

1 Die Nudeln nach Packungsanleitung in Salzwasser bissfest kochen.

2 Tomaten waschen und würfeln, dabei die Stielansätze entfernen. Tomatenwürfel, Pesto und Nudeln mischen. Tomaten-Spaghetti am besten mit zwei Gabeln zu 4 großen Nestern zusammenfassen, diese in eine große Auflaufform legen.

3 Mozzarella abtropfen, fein würfeln, mit Zitronenschale und Pfeffer mischen, auf den Spaghetti verteilen. Pumpernickel zerbröseln, mit dem Parmesan mischen und darüber streuen.

4 Nudeln im vorgeheizten heißen Backofen bei 200 °C (Gas Stufe 3–4, Umluft 180 °C) ca. 10 Minuten überbacken.

Nudel-Omelett mit Paprika-Frischkäse-Gemüse

300 g Vollkornspaghetti aus Hartweizen
Jodsalz, 750 g rote Paprikaschoten
1 TL Maiskeimöl
100 ml Gemüsebrühe (Instant)
100 g Frischkäse mit Kräutern
Pfeffer, 4 Eier (Größe M)
50 ml Magermilch
1 TL Pesto (aus dem Glas)

1 Die Nudeln nach Packungsanleitung in Salzwasser bissfest kochen.
2 Inzwischen die Paprikaschoten waschen, putzen und in feine Streifen schneiden, dabei die Kerngehäuse entfernen. Das Maiskeimöl erhitzen und die Paprikastreifen darin anbraten. Paprika mit der Gemüsebrühe ablöschen, den Frischkäse einrühren, das Gemüse salzen und pfeffern. Paprika-Frischkäse-Gemüse bei schwacher Hitze 5 Minuten kochen.
3 Die Eier mit der Milch und dem Pesto verquirlen, die Masse salzen und pfeffern. Die Nudeln abgießen, abtropfen lassen und in eine beschichtete Pfanne geben. Die Eiermasse über die Nudeln gießen und bei schwacher Hitze stocken lassen.
4 Das Omelett in 4 Portionen teilen und mit dem Paprikagemüse anrichten.

Pro Portion:
450 kcal
26 g Eiweiß
11 g Fett
60 g Kohlenhydrate

Ihr Vitalstoff-Plus: Vitamin C, ballaststoffreich, Karotin
Für 4 Personen
Zubereitungszeit: ca. 30 Min.

Nudeln mit Salbei und Geflügelleber

350 g Vollkornnudeln aus Hartweizen
Jodsalz
2 Schalotten
2 EL Butter, 100 g rosé Champignons
500 g Geflügelleber (z.B. von Biohähnchen oder Pute)
Pfeffer, 150 g Kirschtomaten
½ Bund frischer Salbei

1 Die Nudeln nach Packungsanleitung in Salzwasser bissfest kochen.
2 Schalotten abziehen, hacken. 1 Esslöffel Butter erhitzen, Schalotten darin glasig dünsten. Pilze putzen, klein schneiden und mit andünsten. Pilze mit Schalotten wieder aus dem Topf nehmen und beiseite stellen.
3 Leber abspülen, putzen und klein schneiden. Im Bratfett ca. 3 Minuten braten, salzen und pfeffern. Pilze und gewaschene Tomaten zugeben, alles nochmals kurz erhitzen.
4 Nudeln abgießen, restliche Butter erhitzen, Salbeiblätter darin anbraten. Nudeln zugeben, vermengen. Mit der Leber anrichten.

Pro Portion:
580 kcal
25 g Eiweiß
28 g Fett
60 g Kohlenhydrate

Ihr Vitalstoff-Plus: Vitamin A, K, B_2 und B_{12}, Biotin
Für 4 Personen
Zubereitungszeit: ca. 25 Min.

Hähnchen-Salbei-Sauce (Foto)

1 Bund Lauchzwiebeln
1 EL Butter
600 g Hähnchenfilet
Jodsalz
Pfeffer
Paprikapulver edelsüß
½ EL Weizenvollkornmehl
einige frische Salbeiblätter
⅜ l Gemüsebrühe (Instant)
100 ml trockener Weißwein (z. B. Riesling)
2 EL Zitronensaft
2 EL Crème fraîche

1 Zwiebeln abziehen und in Ringe schneiden. Butter erhitzen, Zwiebelringe darin anbraten. Das Filet in Streifen schneiden und ebenfalls andünsten. Fleischstreifen würzen und mit Mehl bestäuben.

2 Salbeiblätter abspülen und zu dem Fleisch geben. Mit Brühe, Wein, Zitronensaft und Crème fraîche ablöschen. Die Sauce bei schwacher Hitze 8 Minuten kochen, mit Salz und Pfeffer abschmecken.

Pro Portion:
260 kcal
37 g Eiweiß
5 g Fett
11 g Kohlenhydrate

Ihr Vitalstoff-Plus: Niacin, Magnesium
Für 4 Personen
Zubereitungszeit: ca. 25 Min.

Champignon-Kräuter-Sauce mit Filet

300 g rosé Champignons
2 Schalotten
300 g Schweinefilet
2 EL Weizenvollkornmehl
1 EL Butterschmalz
Jodsalz
Pfeffer
100 g Schlagsahne
100 ml Vollmilch
100 ml Gemüsebrühe (Instant)
1 Bund gemischte Kräuter (z. B. Kerbel, Dill, Petersilie, Basilikum – ersatzweise TK-Ware)

1 Die Pilze putzen und klein schneiden. Schalotten abziehen, fein hacken. Das Filet in feine Streifen schneiden und in Mehl wenden. Butterschmalz erhitzen, das Filet darin kurz knusprig anbraten, würzen und herausnehmen.

2 Pilze und Schalotten im Bratfett anbraten. Mit Sahne, Milch und Brühe ablöschen, würzen und ca. 5 Minuten bei schwacher Hitze kochen. Kräuter fein hacken und mit den Filetstreifen zu den Pilzen geben, die Sauce nochmals abschmecken.

Pro Portion:
200 kcal
20 g Eiweiß
12 g Fett
5 g Kohlenhydrate

Ihr Vitalstoff-Plus: Vitamin B_2, Niacin
Für 4 Personen
Zubereitungszeit: ca. 30 Min.

Pikante Tomatensauce mit Kapern und Oliven

Pro Portion:
170 kcal
2 g Eiweiß
13 g Fett
10 g Kohlenhydrate

Ihr Vitalstoff-Plus: Kalium, Karotin
Für 4 Personen
Zubereitungszeit: ca. 20 Min.

2 Zwiebeln
1 EL Olivenöl
½ kleine rote Chilischote
1 Lorbeerblatt
2 Pimentkörner
2 Gewürznelken
1 Dose stückige Tomaten (850 ml)
2 EL Agavendicksaft
Jodsalz
Pfeffer
1 Glas Kapern
100 g schwarze Oliven, entsteint

1 Zwiebeln abziehen und fein hacken. Olivenöl erhitzen, Zwiebeln darin glasig dünsten. Chilischote längs halbieren und entkernen, die Hälften grob hacken (Achtung! Danach gleich die Hände waschen!). Gewürze zugeben und mit Tomaten und Agavendicksaft ablöschen, würzen. Die Sauce 10 Minuten bei schwacher Hitze kochen.

2 Kapern und Oliven abtropfen lassen, in die Tomatensauce geben. Die Sauce nochmals kurz erhitzen und mit Salz und Pfeffer abschmecken.

Rucola-Parmesan-Sauce

Pro Portion:
190 kcal
8 g Eiweiß
11 g Fett
13 g Kohlenhydrate

Ihr Vitalstoff-Plus: Folsäure
Für 4 Personen
Zubereitungszeit: ca. 15 Min.

½ Bund Lauchzwiebeln
300 g Kirschtomaten
2 EL Butter
200 ml Gemüsefond (aus dem Glas)
Jodsalz
Pfeffer
1 Bund Rucola
75 g Parmesan im Stück

1 Lauchzwiebeln waschen, putzen und in Ringe schneiden. Tomaten waschen und halbieren. Butter in einer Pfanne erhitzen, Zwiebelringe darin anbraten. Mit dem Gemüsefond ablöschen, würzen und die Tomaten zugeben.

2 Rucola verlesen, abspülen und grob hacken, diesen sowie den geriebenen Parmesan unter die Sauce rühren und sofort mit heißen Nudeln servieren.

Steinpilz-Schinken-Sauce

2 Schalotten, 1 EL Butter
500 g frische Steinpilze (ersatzweise ca. 40 g getrocknete Pilze, eingeweicht)
200 ml Pilzfond (aus dem Glas)
100 ml trockener Weißwein
100 g Schlagsahne
Jodsalz, Pfeffer
1 Bund Schnittlauch
100 g Parmaschinken (hauchdünn geschnitten)
frisch geriebener Parmesan

1 Schalotten abziehen und fein hacken. Butter erhitzen und die Schalotten darin glasig dünsten. Pilze putzen, klein schneiden und zu den Schalotten geben, bei starker Hitze unter Wenden kurz anbraten.

2 Die Schalotten-Pilz-Mischung mit dem Fond, dem Wein und der Sahne ablöschen und würzen. Die Sauce bei schwacher Hitze 5 Minuten kochen, dabei ab und zu umrühren.

3 Schnittlauch abspülen, in feine Röllchen, Schinken in Streifen schneiden. Schnittlauchröllchen und Schinkenstreifen in die Sauce geben, mit Nudeln servieren.

Pro Portion:
170 kcal
11 g Eiweiß
11 g Fett
2 g Kohlenhydrate

Ihr Vitalstoff-Plus: Kalium, Eisen, Kupfer, Jod
Für 4 Personen
Zubereitungszeit: ca. 20 Min.

Fenchel-Tomaten-Sauce mit würziger Salami

3 mittelgroße Fenchelknollen
2 EL Butter
Jodsalz, Pfeffer
100 g Schlagsahne
½ kleine Dose stückige Tomaten (425 ml)
100 g italienische luftgetrocknete Salami mit Fenchel

1 Fenchelknollen waschen und putzen, das frische Fenchelgrün beiseite legen. Knollen fein würfeln. Butter erhitzen, Fenchelwürfel darin andünsten, würzen. Fenchel mit der Sahne ablöschen, bei schwacher Hitze 10 Minuten kochen.

2 Die Tomaten dazugeben. Die Sauce bei schwacher Hitze weitere 10 Minuten kochen, nochmals abschmecken. Das Fenchelgrün hacken und über die Sauce streuen. Die Sauce mit den Salamischeiben und heißen Nudeln servieren.

Pro Portion:
250 kcal
12 g Eiweiß
18 g Fett
10 g Kohlenhydrate

Ihr Vitalstoff-Plus: Vitamin A und E, Kalium, Kalzium, Folsäure, Eisen
Für 4 Personen
Zubereitungszeit: ca. 30 Min.

Knoblauch-Walnuss-Sauce mit Zucchini

Pro Portion:
350 kcal
12 g Eiweiß
31 g Fett
8 g Kohlenhydrate

Ihr Vitalstoff-Plus: mehrfach ungesättigte Fettsäuren, Vitamin E, Folsäure
Für 4 Personen
Zubereitungszeit: ca. 20 Min.

750 g kleine Zucchini
1 Zwiebel
2 EL Olivenöl
200 ml Gemüsebrühe (Instant)
2 EL Tomatenmark
100 g Schlagsahne

Jodsalz
Pfeffer
2 Knoblauchzehen
100 g geschälte Walnusskernhälften
½ Bund glatte Petersilie
50 g geriebener Parmesan

1 Zucchini waschen, putzen und in Scheiben schneiden. Zwiebel abziehen und fein hacken. 1 Esslöffel Olivenöl erhitzen, Zucchinischeiben und Zwiebel darin andünsten. Mit 150 Milliliter Brühe, dem Tomatenmark und Sahne ablöschen, würzen. Die Sauce bei schwacher Hitze zugedeckt 5 Minuten kochen.

2 Knoblauch abziehen und würfeln. Diese zusammen mit den Walnusskernen, abgespülter Petersilie, dem restlichen Olivenöl und dem Parmesan in einen Mixer geben und fein zerkleinern. Die restliche Brühe nach und nach unterrühren, bis eine dicke Sauce entsteht. Zucchini und Sauce mit heißen Nuden servieren.

Sellerie-Schafskäse-Sauce

Pro Portion:
280 kcal
15 g Eiweiß
21 g Fett
7 g Kohlenhydrate

Ihr Vitalstoff-Plus: Vitamin C, Kalium, ungesättigte Fettsäuren
Für 4 Personen
Zubereitungszeit: ca. 25 Min.

50 g Walnusskernhälften
1 Zwiebel
2 EL Butter
1 kg Knollensellerie

Saft von 1 Zitrone
200 ml Gemüsebrühe (Instant)
Jodsalz, Pfeffer
200 g milder Schafskäse (Feta)

1 Die Nusskerne grob hacken und in einem Topf ohne Zugabe von Fett rösten, herausnehmen. Zwiebel abziehen und fein hacken. Die Butter erhitzen und die Zwiebel darin glasig dünsten. Sellerie waschen und putzen, in feine Stifte schneiden und mit andünsten. Das Gemüse mit Zitronensaft und Gemüsebrühe ablöschen, würzen. Die Sauce 15 Minuten dünsten, bis sie sämig wird.

2 Den Feta fein zerbröckeln. Feta und Nüsse in die Sauce streuen.

Tomaten-Thunfisch-Sauce

1 Gemüsezwiebel (ca. 300 g)
1 EL Olivenöl
3 Stangen Staudensellerie
2 Möhren

Jodsalz, Pfeffer
1 Dose stückige Tomaten (425 ml)
1–2 TL Tapenade (Olivencreme)
1 Dose Thunfisch naturell (185 g Abtropfgewicht)

1 Zwiebel abziehen und fein hacken. Olivenöl erhitzen, Zwiebel darin andünsten. Sellerie und Möhren waschen und putzen, sehr fein würfeln und kurz mit andünsten. Das Gemüse würzen, 6 Esslöffel Wasser angießen und zugedeckt 10 Minuten dünsten.

2 Die Tomaten zur Sauce geben, diese mit Salz, Pfeffer und Tapenade abschmecken und bei schwacher Hitze weitere 10 Minuten kochen.

3 Den Thunfisch abtropfen lassen, mit einer Gabel etwas zerpflücken und in der Sauce erhitzen.

Tipp Statt Zwiebel und Sellerie 300 Gramm Möhren garen und die Sauce mit Tomaten, reichlich Basilikum und 100 Gramm Sahne pürieren. Tarpenade und Thunfisch dafür weglassen.

Pro Portion:
170 kcal
13 g Eiweiß
10 g Fett
8 g Kohlenhydrate

Ihr Vitalstoff-Plus: ungesättigte Fettsäuren, Karotin
Für 4 Personen
Zubereitungszeit: ca. 30 Min.

Zucchini-Zitronen-Sauce mit Scampi

600 g ausgelöste, küchenfertige Scampi (frisch oder TK-Ware)
1 unbehandelte Zitrone
2 Schalotten
1 EL Butter
500 g kleine Zucchini

Jodsalz
Pfeffer
175 ml Gemüsebrühe (Instant)
150 g Schlagsahne
1 EL Sonnenblumenöl
1 Knoblauchzehe

1 Die Scampi abspülen und trockentupfen. Die Zitrone heiß abspülen, die Schale abreiben, die Zitrone auspressen. Scampi mit der Zitronenschale mischen. Schalotten abziehen und fein hacken. Butter erhitzen, Schalotten darin andünsten. Zucchini waschen und putzen, in Scheiben schneiden und mit andünsten.

2 Das Gemüse würzen, mit Zitronensaft, Brühe und Sahne ablöschen und die Sauce bei schwacher Hitze 5 Minuten kochen. Sonnenblumenöl erhitzen, die Scampi darin anbraten. Den Knoblauch abziehen, fein hacken und zu den Scampi geben.

3 Die Scampi in die Zucchini-Zitronen-Sauce geben.

Pro Portion:
330 kcal
34 g Eiweiß
19 g Fett
6 g Kohlenhydrate

Ihr Vitalstoff-Plus: Jod, Zink, Eisen, Vitamin E
Für 4 Personen
Zubereitungszeit: ca. 20 Min.

Vegetarisches für Feinschmecker

Gemüsecurry auf Erdnussreis (Foto)

200 g Basmatireis, Jodsalz
500 g Brokkoli, 2 Möhren
1 Bund Lauchzwiebeln, 100 g Shiitakepilze
3 Knoblauchzehen
1 EL Butterschmalz
2 Kaffir-Zitronenblätter (Asienladen)
1 TL Madras-Curry
½ TL Schwarzkümmel
100 g Joghurt (3,5 % Fett)
Koriandergrün, 2 EL geröstete Erdnüsse

1 Den Reis in Salzwasser 15 Minuten körnig kochen. Brokkoli waschen, putzen und in Röschen teilen. Möhren und Lauchzwiebeln waschen, putzen und in Scheiben schneiden. Shiitakepilze abspülen, halbieren, Knoblauch abziehen, zerdrücken.
2 Das Butterschmalz in einem Topf erhitzen. Das vorbereitete Gemüse und den Knoblauch darin andünsten. Die Zitronenblätter dazugeben, das Gemüse mit Salz und den Gewürzen würzen. ½ Tasse Wasser angießen und das Gemüse 5 Minuten garen. Den Joghurt zufügen und das Gericht weitere 5 Minuten dünsten.
3 Das Koriandergrün abspülen, fein schneiden und das Curry damit bestreuen. Die Erdnüsse grob hacken und unter den gegarten Reis mischen.

Pro Portion:
330 kcal
12 g Eiweiß
11 g Fett
49 g Kohlenhydrate

Ihr Vitalstoff-Plus: Niacin, Folsäure
Für 4 Personen
Zubereitungszeit: ca. 30 Min.

Mandel-Reis-Taler auf Blattspinat

200 g Vollkornreis, Jodsalz
2 große Zwiebeln, 1 kleine rote Chilischote
1,2 kg Blattspinat (frisch oder TK-Ware)
1 EL Maiskeimöl, 1 TL Kurkuma
1 EL Sesamöl, 1 Ei (Größe M)
75 g geriebener Parmesan
1 EL Sesamsamen
1 TL Schwarzkümmel

1 Den Reis in Salzwasser 45 Minuten quellen lassen. Zwiebeln abziehen, in Ringe schneiden. Chilischote längs aufschneiden, entkernen (Achtung! Danach gleich die Hände waschen!) und klein schneiden. Spinat verlesen, waschen.
2 Maiskeimöl erhitzen, Zwiebeln und Chili darin anbraten. Spinat zufügen, etwas salzen und bei geschlossenem Topf zusammenfallen lassen. Kurkuma und noch etwas Salz zugeben.
3 Sesamöl in einer Pfanne erhitzen. Reis, Ei und Käse zu einer Masse rühren. Aus dieser im heißen Öl kleine knusprige Taler backen, dabei mit Sesam und Schwarzkümmel bestreuen. Reistaler auf dem Spinat anrichten.

Pro Portion:
390 kcal
19 g Eiweiß
16 g Fett
40 g Kohlenhydrate

Ihr Vitalstoff-Plus: Kalzium, ballaststoffreich, Vitamin K
Für 4 Personen
Zubereitungszeit: ca. 1¼ Std.

Vegetarisches für Feinschmecker

Tofupfanne mit Cashewreis

Pro Portion:
290 kcal
11 g Eiweiß
10 g Fett
36 g Kohlenhydrate

Ihr Vitalstoff-Plus: Selen, Magnesium
Für 4 Personen
Zubereitungszeit: ca. 40 Min.

200 g Wildreis
Jodsalz
200 g Tofu
750 g Spitzkohl
2 Schalotten
1 Stück Ingwer (ca. 2–3 cm)
2 EL Sojaöl
2 Kaffir-Zitronenblätter (Asialaden)
1–2 TL Madras-Curry
100 g Mungobohnensprossen
1–2 EL Chilisauce
2 EL geröstete Cashewkerne

1 Reis in Salzwasser 30 bis 35 Minuten körnig kochen. Den Tofu würfeln. Spitzkohl putzen, in Streifen schneiden und diese abspülen. Schalotten abziehen, Ingwer schälen und beides sehr fein würfeln. Das Sojaöl erhitzen. Schalotten- und Ingwerwürfel sowie Zitronenblätter darin anbraten. Tofu, Kohl, etwas Salz und Curry zugeben, umrühren und kurz braten.

2 An die Tofupfanne 1 knappe Tasse Wasser angießen, abgespülte Sprossen zufügen und das Gericht 3 Minuten schmoren. Mit Chilisauce abschmecken. Den Reis mit Cashewkernen mischen und dazu servieren.

Chinatopf mit Glasnudeln

Pro Portion:
140 kcal
5 g Eiweiß
6 g Fett
18 g Kohlenhydrate

Ihr Vitalstoff-Plus: Folsäure, Vitamin C
Für 4 Personen
Zubereitungszeit: ca. 30 Min.

je 2 Stangen Lauch und Möhren
1 rote Paprikaschote
1 Zucchino (ca. 300 g)
50 g Shiitakepilze
1 Stück Ingwer (ca. 2–3 cm)
2 EL Sojaöl
800 ml Asia-Fond (aus dem Glas)
50 g Glasnudeln
5–6 EL dunkle Sojasauce
1 TL Chinagewürz
1–2 TL Sambal oelek
Jodsalz

1 Das Gemüse waschen, putzen und in feine Streifen schneiden, dabei das Kerngehäuse von der Paprikaschote entfernen. Pilze putzen und klein schneiden, Ingwer schälen. Das Sojaöl in einem Topf erhitzen, den Ingwer hineinreiben. Vorbereitetes Gemüse unter Rühren darin anbraten. Den Fond zufügen, das Gericht bei mittlerer Hitze 5 Minuten kochen.

2 Glasnudeln mit heißem Wasser überbrühen, kurz ziehen lassen und zum Gemüse geben.

3 Das Gericht mit Sojasauce und den übrigen Gewürzen abschmecken.

Bulgurauflauf mit Auberginen

250 g Bulgur (grober Weizenschrot)
1 l Gemüsebrühe (Instant)
25 g getrocknete Tomaten
2 EL Pinienkerne, 1 Briefchen Safran
2 Auberginen (ca. 1 kg)
2 EL Olivenöl
2 TL Harissa (scharfe Würzpaste, in türkischen Lebensmittelläden)
2 Knoblauchzehen
2 EL Zitronensaft, Jodsalz

1 Den Bulgur in ½ Liter Gemüsebrühe zunächst 10 Minuten unter Rühren aufkochen. Die Tomaten klein schneiden. Tomatenstücke, Pinienkerne und Safran zu dem Bulgur geben und diesen bei schwacher Hitze ziehen lassen. Ab und zu umrühren.
2 Die Auberginen waschen, putzen und in Scheiben schneiden. Die Auberginenscheiben in der restlichen Gemüsebrühe 5 Minuten dünsten. Die Bulgur-Mischung in eine große Auflaufform geben, Auberginenscheiben rundum anordnen.
3 Das Olivenöl mit Harissa, abgezogenem und zerdrücktem Knoblauch, Zitronensaft und Salz mischen und die Auberginenscheiben damit bestreichen.
4 Den Auflauf im vorgeheizten Backofen bei 200 °C (Gas Stufe 3–4, Umluft 180 °C) 15 Minuten backen. Dazu passt ein frischer Blattsalat mit Radicchio und Tomaten.

Pro Portion:
320 kcal
9 g Eiweiß
6 g Fett
51 g Kohlenhydrate

Ihr Vitalstoff-Plus: Ballaststoffreich
Für 4 Personen
Zubereitungszeit ca. 1 Std.
Backzeit: ca. 15 Min.

Zucchinigratin mit Grünkern

150 g Grünkern
373 ml Gemüsebrühe (Instant)
1 TL Butter, ½ Knoblauchzehe
4 Zucchini (à ca. 300 g), 100 g Kirschtomaten
100 g Schlagsahne
Jodsalz, Pfeffer
geriebene Muskatnuss
100 g geriebener Emmentaler

1 Grünkern über Nacht in kaltem Wasser einweichen. Körner abgießen, in der Brühe 5 Minuten garen.
2 Eine Gratinform mit Butter ausstreichen, mit Knoblauch einreiben. Zucchini und Tomaten waschen, beides in Scheiben schneiden und mit dem Grünkern einschichten. Sahne kräftig würzen und darüber gießen, mit Käse bestreuen.
3 Den Auflauf im vorgeheizten Backofen bei 180 °C (Gas Stufe 3, Umluft 160 °C) 30 Minuten backen. Dazu schmeckt grüner Salat.

Pro Portion:
360 kcal
17 g Eiweiß
18 g Fett
31 g Kohlenhydrate

Ihr Vitalstoff-Plus: Kalzium, Kalium, Zink, Mangan
Für 4 Personen
Zubereitungszeit: ca. 20 Min.
Backzeit: ca. 30 Min.
Einweichen: über Nacht

Vegetarisches für Feinschmecker

Gebratenes Gemüse mit Kapern-Dip

Pro Portion:
220 kcal
8 g Eiweiß
11 g Fett
16 g Kohlenhydrate

Ihr Vitalstoff-Plus: Selen, Magnesium
Für 4 Personen
Zubereitungszeit: ca. 45 Min.

500 g Brokkoli
250 g Weißkohl
je 2 Kohlrabis und Möhren
1 kleine rote Chilischote
3 EL Olivenöl
Jodsalz
1 Prise gemahlener Koriander
1 Prise Piment
3 EL Weißweinessig
1 EL Agavendicksaft
1 EL mittelscharfer Senf
1 EL Kapern
200 g Joghurt (3,5 % Fett)
3 Stiele Dill

1 Gemüse waschen und putzen. Brokkoli in Scheiben, Weißkohl, Kohlrabi und Möhren in Streifen schneiden. Chilischote längs aufschneiden, entkernen, die Hälften in sehr feine Ringe schneiden (Achtung! Danach gleich die Hände waschen!).

2 Olivenöl in einer Pfanne erhitzen. Vorbereitetes Gemüse darin unter Wenden kräftig anbraten und würzen. Mit Essig, ½ Tasse Wasser und Agavendicksaft ablöschen und das Gemüse darin dünsten, bis die Flüssigkeit verdampft ist.

3 Das Gemüse herausheben und auf einer Platte anrichten.

3 Senf und Kapern in den Fond geben. Den Fond kräftig würzen und unter den Joghurt rühren. Dill abspülen, hacken und zufügen. Den Kapern-Dip dazu reichen.

Tomaten mit gebratenem Mozzarella

Pro Portion:
330 kcal
16 g Eiweiß
18 g Fett
22 g Kohlenhydrate

Ihr Vitalstoff-Plus: Karotin, Kalzium
Für 4 Personen
Zubereitungszeit: ca. 20 Min.

1 kg Tomaten
1 Bund Lauchzwiebeln
2 EL Weißweinessig
Jodsalz, Zitronenpfeffer
½ Bund Basilikum
2 Pck. Mozzarella (à 125 g)
1 Ei (Größe M), 50 g Vollkornpaniermehl
2 EL Olivenöl

1 Tomaten und Lauchzwiebeln waschen und putzen. Tomaten in Scheiben schneiden, dabei die Stielansätze entfernen. Die Lauchzwiebeln in Ringe schneiden.

2 Das Gemüse auf vier Tellern anrichten, mit Essig, den Gewürzen und der Hälfte der abgespülten Basilikumblättchen anrichten.

3 Mozzarella abtropfen lassen und jede Kugel in vier Scheiben schneiden. Mozzarellascheiben pfeffern und mit dem restlichen Basilikum bestreuen. Das Ei verquirlen. Käsescheiben zuerst in Ei, dann im Paniermehl wenden.

3 Das Olivenöl in einer Pfanne erhitzen. Mozzarellascheiben von jeder Seite 1 Minute braten, salzen. Diese auf den vorbereiteten Tellern anrichten. Dazu passt herzhaftes Vollkornbrot mit Leinsamen.

Überbackene Zucchini

200 g Pfifferlinge
2 Zwiebeln
4 Zucchini (à ca. 300 g)
Jodsalz
Pfeffer

2 EL Sojaöl
4–5 Stiele Majoran
2 Scheiben Vollkorntoast
1 Bund Petersilie
100 g Schmand

1 Pfifferlinge putzen, Zwiebeln abziehen und beides fein würfeln. Zucchini waschen, putzen und der Länge nach halbieren. Jede Zucchinihälfte mit einem Esslöffel aushöhlen. Das Fruchtfleisch klein schneiden.

2 Die Zucchinihälften innen kräftig mit Salz und Pfeffer würzen und in eine ofenfeste Form setzen. Das Sojaöl erhitzen. Die Pilz- und Zwiebelwürfel sowie das Zucchini-Fruchtfleisch darin anbraten, würzen und die abgespülten und gehackten Majoranblättchen zufügen.

3 Die Pilz-Zucchini-Mischung in die Zucchinihälften füllen. Die Toastscheiben rösten und zerbröseln. Die Petersilie abspülen und fein hacken. Toastbrösel mit Schmand und fein gehackter Petersilie mischen, diese Mischung salzen und pfeffern, auf den Zucchini verteilen.

4 Die gefüllten Zucchini im vorgeheizten Backofen bei 200 °C (Gas Stufe 3–4, Umluft 180 °C) 20 Minuten backen, nach 10 Minuten etwas heißes Wasser in die Form angießen. Dazu schmecken am besten bissfest gegarte Vollkorn-Spätzle.

Pro Portion:
200 kcal
8 g Eiweiß
12 g Fett
14 g Kohlenhydrate

Ihr Vitalstoff-Plus: Vitamin B_1, B_2 und Karotin
Für 4 Personen
Zubereitungszeit: ca. 40 Min.
Backzeit: ca. 20 Min.

Vegetarisches für Feinschmecker

Quinoa mit Paprikagemüse (Foto)

Pro Portion:
400 kcal
16 g Eiweiß
14 g Fett
50 g Kohlenhydrate

Ihr Vitalstoff-Plus: Vitamin C, Zink, Eisen
Für 4 Personen
Zubereitungszeit: ca. 1 Std.

200 g Quinoa (Getreideart, Reformhaus)
½ l Gemüsebrühe
1 EL Zitronensaft, 1 TL Agavendicksaft
1 Prise Kurkuma, 1 Prise Kreuzkümmel
1 kg rote und gelbe Paprikaschoten
2 Lauchzwiebeln, 1 Knoblauchzehe
2 EL Olivenöl
Jodsalz, Piment
Paprikapulver edelsüß
50 g saure Sahne (10% Fett)
100 g Schafskäse
3 Stiele Zitronenmelisse (nach Belieben)

1 Den Quinoa in der Gemüsebrühe 5 Minuten kochen. Zitronensaft, Agavendicksaft, Kurkuma und Kreuzkümmel zufügen und den Quinoa 20 Minuten bei schwacher Hitze quellen lassen.

2 Paprika und Lauchzwiebeln waschen, putzen und klein schneiden. Knoblauch abziehen und würfeln.

3 Olivenöl in einer großen Pfanne erhitzen, vorbereitetes Gemüse darin anbraten. Kräftig würzen, 1 Tasse Wasser angießen und 5 Minuten unter Rühren dünsten. Saure Sahne unter das Paprikagemüse ziehen.

4 Schafskäse würfeln, über das Gemüse streuen. Dieses mit Zitronenmelissestreifen auf dem Quinoa anrichten.

Polenta mit Fenchel-Tomaten-Ragout

Pro Portion:
390 kcal
17 g Eiweiß
12 g Fett
48 g Kohlenhydrate

Ihr Vitalstoff-Plus: Kalium, Kalzium, Karotin
Für 4 Personen
Zubereitungszeit: ca. 40 Min.

1 l Steinpilz-Hefebrühe (Instant, Reformhaus)
200 g Vollkorn-Polenta
3 Stiele Oregano
100 g geraspelter Greyerzer
500 g Fenchel
1 EL Olivenöl, 2 EL Balsamessig
1 TL Agavendicksaft
Zimtpulver, Piment
1 Dose passierte Tomaten (500 g)
½ Salatgurke, 3 Stiele Dill

1 Die Brühe in einem weiten Topf aufkochen, Polenta unter Rühren zufügen und 20 Minuten bei milder Hitze garen, dabei ab und zu umrühren. Zum Ende der Garzeit abgespülte Oreganoblättchen und geraspelten Käse unterheben.

2 Fenchel waschen, putzen und in Ringe schneiden. Olivenöl erhitzen, Fenchelringe darin andünsten. Essig, Agavendicksaft und Gewürze zufügen. Passierte Tomaten zu dem Fenchel geben und 10 Minuten dünsten. Salatgurke schälen, würfeln und ebenfalls zufügen.

3 Das Ragout mit abgespültem und gehacktem Dill sowie den Gewürzen kräftig abschmecken. Das Fenchel-Tomaten-Ragout auf der Polenta anrichten.

Vegetarisches für Feinschmecker

Pro Portion:
260 kcal
17 g Eiweiß
19 g Fett
24 g Kohlenhydrate

Ihr Vitalstoff-Plus: Karotin und Folsäure, ballaststoffreich
Für 4 Personen
Zubereitungszeit: ca. 45 Min.
Backzeit: ca. 15 Min.

Gefüllte Tomaten auf Mangold

1 kg Mangold
4 Fleischtomaten
Jodsalz
1 Prise Piment
2 Knoblauchzehen
2 Scheiben Vollkornbrot

2 Stangen Lauch
4 EL Olivenöl
⅛ l Gemüsebrühe (Instant)
geriebene Muskatnuss
100 g Gorgonzola

1 Die Mangoldblätter waschen, putzen und klein schneiden, dabei die dicken Stiele beiseite legen. Von den gewaschenen Tomaten einen Deckel abschneiden, die Tomaten aushöhlen und innen mit Salz und Piment würzen. Knoblauch abziehen und würfeln, Brotscheiben ebenfalls würfeln. Lauch waschen, putzen und in Ringe, Mangoldstiele in kleine Stücke schneiden.

2 2 Esslöffel Olivenöl in einer Pfanne erhitzen. Brot- und Knoblauchwürfel, Lauchringe und Mangoldstiele darin anbraten und würzen.

3 Die Brotmischung in die ausgehöhlten Tomaten füllen. Das restliche Olivenöl erhitzen. Die klein geschnittenen Mangoldblätter darin andünsten. Gemüsebrühe und das ausgehöhlte Tomatenfruchtfleisch zufügen und den Mangold würzen. Mangold in eine Auflaufform füllen, die gefüllten Tomaten darauf setzen. Den Gorgonzola zerkleinern und über die Tomaten verteilen.

4 Das Gericht im vorgeheizten Backofen bei 200 °C (Gas Stufe 3–4, Umluft 180 °C) 15 Minuten backen.

Gratinierte Pilzpfannkuchen

100 g Weizenvollkornmehl
¼ l Vollmilch
2 Eier (Größe M)
Jodsalz, geriebene Muskatnuss

500 g Austernpilze (oder Champignons)
2 Zwiebeln, 4 EL Sojaöl
Pfeffer, 1 Bund Schnittlauch
100 g geriebener Edamer

1 Aus Mehl, Milch, Eiern, Salz und Muskat einen Pfannkuchenteig rühren. Den Teig 10 Minuten quellen lassen.
2 Inzwischen Pilze putzen und in Streifen schneiden. Zwiebeln abziehen und in Ringe schneiden. 1 Esslöffel Sojaöl in einer Pfanne erhitzen, Pilze und Zwiebeln darin knusprig braun braten, salzen und pfeffern. Schnittlauch abspülen, in Röllchen schneiden und zu der Pilz-Zwiebel-Pfanne geben.
3 Aus dem Pfannkuchenteig nacheinander in dem restlichen Sojaöl vier Pfannkuchen ausbacken. Auf jeden Pfannkuchen einen Teil der Pilzmischung geben und den Pfannkuchen zusammenklappen.
4 Die gefüllten Pfannkuchen nebeneinander in eine Auflaufform legen. Die Pilzpfannkuchen mit dem geriebenen Edamer bestreuen und unter dem Grill kurz überbacken, bis der Käse gebräunt ist.

Pro Portion:
360 kcal
16 g Eiweiß
21 g Fett
20 g Kohlenhydrate

Ihr Vitalstoff-Plus: ballaststoffreich
Für 4 Personen
Zubereitungszeit: ca. 40 Min.

Gebratener Fenchel auf Tomatenreis

½ l Gemüsebrühe (Instant)
1 EL Tomatenmark
200 g Naturreis
4 große Fenchelknollen

2 EL Olivenöl
1 EL Zitronensaft, 1 EL Agavendicksaft
Jodsalz, gemahlener Koriander, Pfeffer
4 Tomaten, 1 Bund Basilikum

1 Brühe und Tomatenmark verrühren, aufkochen. Reis hineingeben und ca. 35 Minuten gar ziehen lassen. Fenchel putzen, in fingerdicke Scheiben schneiden. Öl in einer Pfanne erhitzen. Fenchelscheiben darin von beiden Seiten goldbraun braten. Mit Zitronensaft und Agavendicksaft beträufeln und mit Salz, Koriander und Pfeffer würzen.
2 Tomaten waschen und würfeln, dabei die Stielansätze entfernen. Tomaten würzen und unter den Reis heben, kurz mitdünsten. Basilikum abspülen, hacken und dazugeben. Fenchelscheiben auf dem Reis anrichten.

Pro Portion:
250 kcal
10 g Eiweiß
7 g Fett
46 g Kohlenhydrate

Ihr Vitalstoff-Plus: Vitamin C und Folsäure, ballaststoffreich
Für 4 Personen
Zubereitungszeit: ca. 45 Min.

Vegetarisches für Feinschmecker

Bohnen-Chili

Pro Portion:
300 kcal
18 g Eiweiß
7 g Fett
41 g Kohlenhydrate

Ihr Vitalstoff-Plus: Eisen, ballaststoffreich
Für 4 Personen
Zubereitungszeit: ca. 20 Min.

Je 1 Dose weiße Bohnen und Kidneybohnen (à 250 g Abtropfgewicht)
100 g eingelegte grüne Peperoni
1 Gemüsezwiebel (ca. 300 g)
2 EL Sojaöl

300 g grüne Bohnen (frisch oder TK-Ware)
½ Bund Thymian
Rosenpaprikapulver
Chilipulver, Jodsalz
150 g Joghurt (1,5 % Fett)

1 Die weißen Bohnen, die Kidneybohnen sowie die Peperoni abtropfen lassen. Zwiebel abziehen und in dünne Ringe schneiden.

2 Das Sojaöl in einer großen Pfanne erhitzen, die Zwiebelringe darin anbraten. Alle Bohnensorten sowie die Peperoni und die abgespülten Thymianblättchen zufügen.

Das Bohnen-Gemüse mit 1 Tasse Wasser auffüllen und bei milder Hitze 10 Minuten garen.

3 Die Bohnen mit Rosenpaprika, Chili und Salz abschmecken. Wenn die Flüssigkeit fast verdampft ist, den Joghurt zufügen, einmal umrühren und sofort servieren.

Auberginen-Brot-Auflauf

Pro Portion:
190 kcal
10 g Eiweiß
23 g Fett
26 g Kohlenhydrate

Ihr Vitalstoff-Plus: Kalium
Für 4 Personen
Zubereitungszeit: ca. 50 Min.
Backzeit: ca. 40-45 Min.

1 kg Auberginen
2 Knoblauchzehen
1 Dose passierte Tomaten (750 g)
Jodsalz
1 Bund Basilikum

Piment
Chilipulver
4 Scheiben Vollkorntoast
2 EL Olivenöl
4 EL geriebener Parmesan

1 Auberginen waschen, putzen und längs in Scheiben schneiden. Knoblauch abziehen und fein hacken. Tomaten mit dem Knoblauch, etwas Salz, dem abgespülten und gehackten Basilikum, Piment und Chilipulver kräftig abschmecken. Toastscheiben rösten, mit 1 Esslöffel Olivenöl beträufeln und halbieren.

2 Vorbereitete Zutaten im Wechsel in eine große Auflaufform schichten. Mit dem restlichen Öl beträufeln und mit geriebenem Parmesan bestreuen.

3 Den Auberginenauflauf im vorgeheizten Backofen bei 180 °C (Gas Stufe 1–2, Umluft 160 °C) 40 bis 45 Minuten backen.

Rote Bete auf Endiviensalat

4 Rote Bete (à ca. 200 g)
Jodsalz, Kümmel
1 kleiner Endiviensalat
1 Apfel
3 EL Sherryessig
1 EL Agavendicksaft
Piment, Pfeffer
2 EL Walnussöl
3 EL gehackte Haselnüsse
½ Bund glatte Petersilie
150 g Joghurt (3,5 % Fett)

1 Die ungeschälte Rote Bete in Salzwasser 20 Minuten kochen, abgießen. Die Schale abziehen, die Knollen mit Salz und Kümmel kräftig würzen und in Alufolie wickeln. Diese im vorgeheizten Backofen bei 200 °C (Gas Stufe 3–4, Umluft 180 °C) 30 Minuten backen.
2 Endivie klein schneiden und waschen, Apfel waschen und in Spalten schneiden, dabei das Kerngehäuse entfernen.
3 Aus Sherryessig, Agavendicksaft, Gewürzen und Walnussöl eine Marinade rühren. Die Marinade mit dem Endiviensalat und den Apfelspalten mischen. Den Salat mit den gehackten Haselnüssen bestreuen.
4 Die Petersilie abspülen und fein hacken. Den Joghurt mit den Gewürzen abschmecken, gehackte Petersilie unterheben.
5 Die Rote Bete in der Folie auf vier Tellern anrichten. Die Folie oben aufschneiden und auf jede Knolle 1 Löffel Petersilienjoghurt geben. Den Endiviensalat dazu reichen.

Pro Portion:
250 kcal
6 g Eiweiß
11 g Fett
28 g Kohlenhydrate

Ihr Vitalstoff-Plus: Kalium, Folsäure
Für 4 Personen
Zubereitungszeit: ca. 1 Std.
Backzeit: ca. 30 Min.

Vegetarisches für Feinschmecker

Spitzkohlpfanne mit roten Linsen (Foto)

Pro Portion:
200 kcal
20 g Eiweiß
7 g Fett
24 g Kohlenhydrate

Ihr Vitalstoff-Plus: Kalium, Kalzium, Magnesium
Für 4 Personen
Zubereitungszeit: ca. 30 Min.

1 kg Spitzkohl (ersatzweise Chinakohl)
2 Knoblauchzehen
1 kleine rote Chilischote
2 EL Sojaöl
1 TL Currypulver

Piment, Jodsalz
4 EL dunkle Sojasauce
200 ml Asia-Fond (aus dem Glas)
100 g rote Linsen
150 g Joghurt (3,5 % Fett)

1 Den Kohl in Streifen schneiden, diese waschen. Knoblauch abziehen und würfeln. Chilischote längs aufschneiden, entkernen und die Hälften in sehr feine Streifen schneiden (Achtung! Danach gleich die Hände waschen!). Sojaöl in einem großen Topf erhitzen und das vorbereitete Gemüse darin andünsten, dabei umrühren.

2 Gewürze, Sojasauce und Asia-Fond zugeben, aufkochen. Die abgespülten Linsen hineingeben und 15 Minuten kochen.

3 Die Spitzkohlpfanne vorsichtig umrühren, den Joghurt unterheben, das Gericht eventuell nachwürzen.

Bohnen-Nudel-Topf mit Petersilienpesto

Pro Portion:
350 kcal
16 g Eiweiß
14 g Fett
40 g Kohlenhydrate

Ihr Vitalstoff-Plus: Vitamin C und K, Selen
Für 4 Personen
Zubereitungszeit: ca. 30 Min.

750 g grüne Bohnen (frisch oder TK-Ware)
Jodsalz
200 g Vollkornnudeln aus Hartweizen (z. B. Penne)
1 Scheibe Vollkorntoast
100 ml Gemüsebrühe (Instant)

2 Bund glatte Petersilie
2–3 EL Weißweinessig
Pfeffer, 3 EL Olivenöl
50 g getrocknete Tomaten
4 EL frisch geriebener Parmesan

1 Die Bohnen waschen, putzen und in kleine Stücke brechen. Die Bohnenstücke in wenig Salzwasser 15 Minuten garen. Inzwischen die Nudeln nach Packungsanleitung in reichlich kochendem Salzwasser bissfest garen.

2 Toastscheibe rösten und würfeln. Brotwürfel mit der Brühe in einen Mixer geben. Petersilie abspülen, grob hacken und zufügen. Essig, Salz und Pfeffer zugeben und alles fein pürieren. Zuletzt das Olivenöl zufügen. Das Pesto gut aufmixen und bei Bedarf nachwürzen.

3 Die Tomaten in feine Streifen schneiden. Bohnen und Nudeln abgießen, mit den Tomatenstreifen mischen und sofort mit dem Pesto vermengen. Das Gericht mit dem geriebenen Parmesan servieren.

Vegetarisches für Feinschmecker

Pro Portion:
230 kcal
9 g Eiweiß
6 g Fett
28 g Kohlenhydrate

Ihr Vitalstoff-Plus: Karotin, Niacin
Für 4 Personen
Zubereitungszeit: ca. 1 Std.

Wirsingröllchen in Tomatensauce

100 g Ebly (vorgegarter Weizen)
200 ml Gemüsebrühe (Instant)
8 große Wirsingblätter
Jodsalz
100 g Kräuter-Frischkäse (30 % Fett)
geriebene Muskatnuss

Küchengarn
1 Bund Lauchzwiebeln, 2 Möhren
2 Knoblauchzehen
1 EL Olivenöl
2 Dosen passierte Tomaten (à 500 g)
Zitronenpfeffer

1 Ebly (vorgegarten Weizen) in Gemüsebrühe 10 Minuten vorgaren, abgießen. Wirsingblätter abspülen und in Salzwasser blanchieren. Blätter trockentupfen und die Blattrippen flach schneiden.

2 Die Wirsingblätter mit dem Kräuter-Frischkäse bestreichen, den Ebly darauf verteilen, die Masse mit Muskat würzen. Die Wirsingblätter aufrollen und mit Küchengarn zusammenbinden.

3 Lauchzwiebeln und Möhren waschen und putzen, Knoblauch abziehen. Lauchzwiebeln in Ringe, Möhren und Knoblauch in Scheiben schneiden. Das Olivenöl erhitzen, das Gemüse andünsten. Die Tomaten zufügen, die Tomatensauce würzen und aufkochen.

4 Die Wirsingröllchen in die Sauce setzen und das Gericht zugedeckt 20 Minuten bei schwacher Hitze garen.

Geschmorte Tomaten mit Ziegenkäse

250 g Schalotten
1,2 kg Fleischtomaten
2 EL Olivenöl
3–4 EL Weißweinessig
1–2 EL Agavendicksaft

Jodsalz
Piment
1 Lorbeerblatt
2 Bund Basilikum
4 kleine Ziegenkäse (à 50 g)

1 Schalotten abziehen und würfeln, Tomaten waschen, putzen und achteln, dabei die Stielansätze entfernen. Das Olivenöl erhitzen. Zuerst die Schalotten anbraten, dann die Tomatenachtel zugeben. Die Tomaten mit Essig, Dicksaft und den Gewürzen kräftig abschmecken und unter Rühren 5 Minuten dünsten. Basilikum abspülen, die Blättchen abzupfen und diese unterheben.

2 Die geschmorten Tomaten in vier Portionen aufteilen und mit je 1 Ziegenkäse belegen. Dazu passt herzhaftes Vollkornbrot oder Vollkornreis.

Tipp Wem der Geschmack von Ziegenkäse zu streng ist, kann auch Scheiben von Mozzarella verwenden.

Pro Portion:
270 kcal
9 g Eiweiß
16 g Fett
16 g Kohlenhydrate

Ihr Vitalstoff-Plus: Karotin, Kalzium
Für 4 Personen
Zubereitungszeit: ca. 15 Min.

Fenchel auf Aprikosenreis

1 Stück Zitronengras (ca. 5–7 cm, Asialaden)
200 g Wildreis-Mischung
Jodsalz
1 Zimtstange
50 g getrocknete Aprikosen
2 EL Mandelstifte

1 kg Fenchelknollen
2 EL Sojaöl
2 EL Limettensaft
1 TL Apfeldicksaft (Reformhaus)
Pfeffer
Koriander

1 Das Zitronengras abspülen und in dünne Ringe schneiden. Den Wildreis mit Salzwasser aufkochen. Zitronengrasringe, Zimt und in kleine Stücke geschnittene Aprikosen zugeben und die Reis-Mischung 30 Minuten garen.

2 Die Mandelstifte ohne Zugabe von Fett rösten und unter den abgetropften Reis heben.

3 Fenchel waschen und putzen, die Knollen in Scheiben schneiden. Das Sojaöl erhitzen und die Fenchelscheiben darin knusprig braun braten. Die Scheiben mit Limettensaft und dem Apfeldicksaft beträufeln, würzen und mit Aprikosenreis servieren.

Pro Portion:
350 kcal
11 g Eiweiß
9 g Fett
52 g Kohlenhydrate

Ihr Vitalstoff-Plus: Vitamin C, Karotin, ballaststoffreich
Für 4 Personen
Zubereitungszeit: ca. 40 Min.

Vegetarisches für Feinschmecker

Steinpilz-Petersilien-Pfanne

500 g Steinpilze
2 Zwiebeln
2 EL Olivenöl
Jodsalz
Pfeffer

250 g Ebly (vorgekochter Weizen)
400 ml Steinpilz-Hefebrühe (Instant, Reformhaus)
1 Petersilienwurzel
2 Bund glatte Petersilie
100 g geraspelter Ziegengouda

Pro Portion:
350 kcal
15 g Eiweiß
12 g Fett
48 g Kohlenhydrate

Ihr Vitalstoff-Plus: Niacin, ballaststoffreich
Für 4 Personen
Zubereitungszeit: ca. 50 Min.

1 Pilze putzen und in Scheiben, Zwiebeln abziehen und in Ringe schneiden. Das Olivenöl in einer Pfanne erhitzen, Pilze und Zwiebeln darin knusprig braun braten. Salzen, pfeffern und aus der Pfanne nehmen.

2 Den Ebly in den Bratfond geben, kurz anrösten und mit der Brühe auffüllen. Die Petersilienwurzel waschen und putzen, über den Ebly raspeln und 15 Minuten garen. Petersilie abspülen, hacken und zusammen mit den Zwiebeln und den Pilzen unter den Ebly heben.

3 Die Steinpilz-Pfanne mit dem geraspelten Gouda bestreuen.

Gefüllte Zwiebeln

4 große Gemüsezwiebeln (à ca. 500 g)
Jodsalz
Piment, Chilipulver
1 EL Kümmel
3 große gekochte Kartoffeln

2 EL Kürbiskerne
1 EL Sonnenblumenöl
1 Dose Sauerkraut (800 g)
3 Lorbeerblätter
$\frac{1}{2}$ l Gemüsebrühe (Instant)

Pro Portion:
260 kcal
11 g Eiweiß
6 g Fett
38 g Kohlenhydrate

Ihr Vitalstoff-Plus: Zink, ballaststoffreich
Für 4 Personen
Zubereitungszeit: ca. 1 Std.
Backzeit: ca. 50 Min.

1 Die Zwiebeln abziehen, einen kleinen Deckel abschneiden, die Zwiebeln aushöhlen, innen mit den Gewürzen ausstreuen. Die Kartoffeln waschen, schälen und in feine Würfel schneiden. Kartoffelwürfel mit den Kürbiskernen mischen und in die Zwiebeln füllen.

2 Das Öl in einer Pfanne erhitzen, das Innere der Zwiebeln, Sauerkraut und Lorbeer darin kurz anbraten.

3 Die Mischung in eine Auflaufform füllen, die gefüllten Zwiebeln darauf setzen. Die Gemüsebrühe angießen, mit Piment und Chili nachwürzen.

4 Die gefüllten Zwiebeln im vorgeheizten Backofen bei 180 °C (Gas Stufe 2–3, Umluft 160 °C) 50 Minuten garen.

Sellerieplätzchen mit Orangen-Feldsalat

2 kleine Sellerieknollen (à ca. 300 g)
Jodsalz, Pfeffer
100 g Vollkornmehl
1 Ei (Größe M)
125 ml Mineralwasser, 4 EL Sojaöl
1 Orange
1 EL Agavendicksaft
gemahlener Koriander
1 EL Walnussöl
100 g Feldsalat

Pro Portion:
250 kcal
7 g Eiweiß
19 g Fett
24 g Kohlenhydrate

Ihr Vitalstoff-Plus: Vitamin B_6 und B_{12}
Für 4 Personen
Zubereitungszeit: ca. 1 Std.

1 Die Sellerie waschen, putzen, schälen und in fingerdicke Scheiben schneiden. Die Selleriescheiben in Salzwasser 10 Minuten dünsten, abtropfen lassen. Die Scheiben leicht salzen und pfeffern.

2 Aus Mehl, Ei, Salz und Mineralwasser einen dickflüssigen Teig rühren.

3 Das Sojaöl portionsweise in einer Pfanne erhitzen. Die Selleriescheiben durch den Teig ziehen und sofort im heißen Öl von beiden Seiten knusprig braun braten. Die Sellerieplätzchen auf Küchenkrepp abtropfen lassen.

4 Die Orange schälen und filetieren, dabei den Saft auffangen. Orangensaft mit Agavendicksaft, Koriander und Walnussöl verrühren. Feldsalat verlesen und waschen.

5 Die Orangenfilets mit dem Feldsalat mischen, die Marinade unterrühren. Den Salat zu den Sellerieplätzchen servieren.

Pochierte Eier auf Zucchinipüree

1 kg Zucchini
Jodsalz, 3–4 EL Zitronensaft
50 g Pesto (aus dem Glas), Chilipulver
100 g Rucola
5 EL Kräuteressig, 4 Eier
4 Scheiben Vollkornbrot mit Leinsamen

Pro Portion:
270 kcal
15 g Eiweiß
15 g Fett
17 g Kohlenhydrate

Ihr Vitalstoff-Plus: Kalium, Eisen
Für 4 Personen
Zubereitungszeit: ca. 30 Min.

1 Zucchini waschen, in grobe Stücke schneiden. Stücke in wenig Salzwasser mit 2 Esslöffel Zitronensaft dünsten. Pesto zufügen, Zucchini pürieren und mit Salz, Zitronensaft und Chilipulver würzen. Rucola verlesen, waschen und klein schneiden, unterheben.

2 1 Liter Wasser mit Kräuteressig aufkochen. Eier einzeln in eine Tasse schlagen und vorsichtig ins Wasser gleiten lassen. Eier 5 Minuten bei schwacher Hitze ziehen lassen, dann mit einer Schaumkelle vorsichtig herausheben.

3 Pochierte Eier auf dem Püree anrichten, mit Salz und Chili bestreuen. Brotscheiben rösten und dazu reichen.

Vegetarisches für Feinschmecker

Pro Portion:
360 kcal
10 g Eiweiß
11 g Fett
55 g Kohlenhydrate

Ihr Vitalstoff-Plus: Kalium, ballaststoffreich
Für 4 Personen
Zubereitungszeit: ca. 50 Min.
Quellzeit: ca. 15 Min.

Buchweizenpfannkuchen mit Blaubeerkompott

500 g Blaubeeren (frisch oder TK-Ware)
Zimtpulver, 1 EL Apfeldicksaft
2 EL Speisestärke
200 g Buchweizenmehl
1 Ei (Größe M), Jodsalz

250 ml Buttermilch
125 ml Mineralwasser
je 2 EL Sonnenblumenöl und geröstete
Sonnenblumenkerne

1 Blaubeeren verlesen und abspülen. Die Beeren mit etwas Zimt, dem Apfeldicksaft und 4 Esslöffel Wasser aufkochen. Die Speisestärke mit 3 Esslöffel kaltem Wasser verrühren, das Kompott damit binden, abkühlen lassen.

2 Aus Buchweizenmehl, Ei, Salz, Buttermilch und Mineralwasser einen Teig rühren. 15 Minuten quellen lassen.

3 Das Öl portionsweise erhitzen und nacheinander aus dem Pfannkuchenteig darin vier Pfannkuchen backen.

4 Die Pfannkuchen mit den gerösteten Sonnenblumenkernen bestreuen und das Blaubeerkompott dazu servieren.

Bratäpfel auf Möhrenrohkost

4 Äpfel (z. B. Boskop)
50 g Rosinen
50 g gehackte Mandeln
200 ml naturtrüber Apfelsaft
750 g Möhren

2 EL Zitronensaft
1 TL Apfeldicksaft (Reformhaus)
Zimtpulver
Kardamom
2 EL Walnussöl

Pro Portion:
340 kcal
3 g Eiweiß
9 g Fett
57 g Kohlenhydrate

Ihr Vitalstoff-Plus: Karotin
Für 4 Personen
Zubereitungszeit: ca. 25 Min.
Backzeit: ca. 30 Min.

1 Die Äpfel waschen und mit einem Apfelausstecher die Kerngehäuse ausstechen. Die Äpfel in eine Auflaufform setzen und mit den Rosinen und gehackten Mandeln füllen. Den Apfelsaft angießen.

2 Die Bratäpfel im vorgeheizten Backofen bei 200 °C (Gas Stufe 3–4, Umluft 180 °C) 30 Minuten backen.

3 Inzwischen die Möhren waschen, schälen und raspeln. Aus den übrigen Zutaten eine Marinade rühren und die Möhren hineingeben. Die Möhrenrohkost zu den Bratäpfeln servieren. Dazu passt herzhaftes Pumpernickelbrot.

Pfannkuchen mit Backäpfeln

4 Äpfel
1 EL Zitronensaft
200 ml Apfelsaft
4 Gewürznelken
100 g getrocknete Pflaumen
100 g Weizenvollkornmehl

¼ l Milch
2 Eier (Größe M), Jodsalz
2 EL Sonnenblumenöl
150 g Dickmilch (1,5 % Fett)
4 TL Apfeldicksaft (Reformhaus)
Zimtpulver

Pro Portion:
440 kcal
11 g Eiweiß
9 g Fett
67 g Kohlenhydrate

Ihr Vitalstoff-Plus: ballaststoffreich
Für 4 Personen
Zubereitungszeit: ca. 1 Std.
Backzeit: ca. 30 Min.

1 Die Äpfel waschen und halbieren, dabei die Kerngehäuse entfernen. Die Apfelhälften sofort mit Zitronensaft beträufeln.

2 Die Apfelhälften mit Apfelsaft, Gewürznelken und Pflaumen in eine leicht gefettete Auflaufform geben.

3 Die Backäpfel im vorgeheizten Backofen bei 180 °C (Gas Stufe 1–2, Umluft 160 °C) 30 Minuten backen.

4 Aus Mehl, Milch, Eiern und Salz einen Pfannkuchenteig rühren. Das Öl portionsweise erhitzen und darin nacheinander vier Pfannkuchen backen.

5 Auf jedem Pfannkuchen 2 Apfelhälften, einige Pflaumen und 1 großen Löffel Dickmilch anrichten, zusammenklappen. Die Pfannkuchen mit dem Apfeldicksaft beträufeln und mit etwas Zimt bestäuben.

Feine Desserts und kleine Naschereien

Kokoscreme an frischen Beeren (Foto)

2 EL Kokosraspel
100 g Frischkäse mit Buttermilch
150 g Magermilchjoghurt (1,5 % Fett)
2 EL Ahornsirup
400 g gemischte Beeren

1 Die Kokosraspel in einer Pfanne ohne Zugabe von Fett rösten. Die gerösteten Kokosraspel mit Frischkäse, Joghurt und Ahornsirup verrühren.

2 Die Beeren verlesen und abspülen, abtropfen lassen.

3 Die Beeren auf vier Dessertteller verteilen und mit der Kokoscreme anrichten.

Pro Portion:
100 kcal · 5 g Eiweiß
3 g Fett · 18 g Kohlenhydrate

Ihr Vitalstoff-Plus: Vitamin C, Kalium, Kalzium
Für 4 Personen
Zubereitungszeit: ca. 10 Min.

Kokos-Couscous mit Himbeeren und Crème fraîche

2 EL Kokosraspel
250 ml frisch gepresster Orangensaft
2 EL Apfeldicksaft (Reformhaus)
100 g Couscous (Instant, feiner Weizenschrot)
250 g Himbeeren
75 g Crème fraîche
Zimtpulver

1 Die Kokosraspel in einer Pfanne ohne Zugabe von Fett rösten, herausnehmen. Den Orangensaft zusammen mit dem Apfeldicksaft erhitzen, den Couscous in die Flüssigkeit einstreuen, ausquellen lassen und ca. 1 Stunde kühlen.

2 Den Couscous auflockern und mit den Kokosraspeln mischen. Die Himbeeren verlesen.

3 Die Beeren mit dem Couscous auf vier Tellern anrichten. Je einen Klecks Crème fraîche darauf geben, mit Zimt bestäuben.

Pro Portion:
210 kcal · 4 g Eiweiß
8 g Fett · 28 g Kohlenhydrate

Ihr Vitalstoff-Plus: Magnesium, Eisen, Zink, Kupfer
Für 4 Personen
Zubereitungszeit: ca. 20 Min.
Kühlzeit: ca. 1 Std.

Feine Desserts und kleine Naschereien

Kokos-Kirsch-Joghurtspeise

100 g Pumpernickel
2 EL Kokosraspel
250 g Sauerkirschen (frisch oder TK-Ware)
3–4 EL Agavendicksaft
400 g Magermilchjoghurt (1,5 % Fett)

Pro Portion:
150 kcal
7 g Eiweiß
2 g Fett
26 g Kohlenhydrate

Ihr Vitalstoff-Plus: Kalzium, Magnesium, Eisen, Mangan
Für 4 Personen
Zubereitungszeit: ca. 20 Min.

1 Pumpernickel sehr fein zerbröseln oder auf der Küchenreibe fein reiben. Kokosraspel und Pumpernickel mischen und in einer Pfanne ohne Zugabe von Fett anrösten, bis Sie zu duften anfangen, herausnehmen und abkühlen lassen.

2 Frische Kirschen waschen und entsteinen, Tiefkühlware auftauen. Kirschen mit 2 Esslöffel Agavendicksaft mischen. Den Joghurt mit dem restlichen Dicksaft abschmecken.

3 Abwechselnd Joghurt, Kokos-Pumpernickel-Brösel und Kirschen in vier hohe Dessertgläser einschichten.

Frozen Joghurt mit Vanille-Pfirsichen

1 Vanilleschote
100 ml trockener Weißwein
50 g Butter
4 EL Apfeldicksaft
4 reife Pfirsiche
75 g Schlagsahne
400 g Vollmilchjoghurt

Pro Portion:
180 kcal
5 g Eiweiß
10 g Fett
18 g Kohlenhydrate

Ihr Vitalstoff-Plus: Vitamin C und E, Niacin
Für 4 Personen
Zubereitungszeit: ca. 30 Min.
Gefrierzeit: ca. 4 Std.

1 Die Vanilleschote längs aufschlitzen, das Mark herauskratzen. Vanillemark und -schote zusammen mit Weißwein, Butter und 2 Esslöffel Apfeldicksaft aufkochen.

2 Pfirsiche waschen, kurz mit kochendem Wasser überbrühen und die Pfirsiche häuten. Die Früchte halbieren, dabei die Steine herauslösen. Pfirsichhälften in den Sud geben und darin erkalten lassen.

3 Den restlichen Apfeldicksaft mit der Sahne verrühren, unter den Joghurt ziehen. Die Masse in der Eismaschine gefrieren lassen. Oder die Masse in eine gefriergeeignete Schüssel geben und zugedeckt in der Tiefkühltruhe anfrieren lassen, nach 1 Stunde mit einem Pürierstab durcharbeiten, wieder einfrieren. Diesen Vorgang ca. dreimal wiederholen, bis eine feine Eismasse entstanden ist, diese gut durchkühlen lassen.

4 Die Vanille-Pfirsiche mit dem Joghurteis anrichten.

Sanddorn-Frucht-Sorbet

500 g Himbeeren (frisch oder TK-Ware)
6 EL Sanddorn-Fruchtmark (mit Honig gesüßt, Reformhaus)
etwas frische Pfefferminze
2 EL Mandelblättchen

1 Frische Himbeeren verlesen, Tiefkühlware auftauen. Die Früchte pürieren, das Püree durch ein feines Sieb streichen und mit dem Sanddorn verrühren. Pfefferminze abspülen, die Blättchen abzupfen, einige zurückbehalten. Restliche Minzblättchen in sehr feine Streifen schneiden und unter das Püree rühren.

2 Die Masse in ein gefriergeeignetes hohes Gefäß füllen und zugedeckt in die Tiefkühltruhe stellen. Sorbetmasse nach 2 Stunden nochmals mit dem Pürierstab durcharbeiten, weitere 2 Stunden gefrieren lassen.

3 Die Mandelblättchen in einer Pfanne ohne Zugabe von Fett goldbraun rösten, abkühlen lassen. Das Sorbet vor dem Servieren nochmals mit dem Pürierstab durcharbeiten, in vier Dessertschälchen füllen und mit den Mandelblättchen und den Minzblättchen garnieren.

Pro Portion:
70 kcal
2 g Eiweiß
2 g Fett
7 g Kohlenhydrate

Ihr Vitalstoff-Plus: Vitamin C und E, Kalium
Für 4 Personen
Zubereitungszeit: ca. 10 Min.
Gefrierzeit: ca. 4 Std.

Feine Desserts und kleine Naschereien

Aprikosen-Apfel-Kompott mit Zimtjoghurt

150 g getrocknete Aprikosen
Saft von 2 Zitronen
4 säuerliche Äpfel

1 EL Agavendicksaft
200 g Vollmilchjoghurt
Zimtpulver

Pro Portion:
210 kcal
4 g Eiweiß
3 g Fett
42 g Kohlenhydrate

Ihr Vitalstoff-Plus: Karotin, Vitamin C und A, ballaststoffreich
Für 4 Personen
Zubereitungszeit: ca. 20 Min.

1 Die Aprikosen würfeln und mit dem Zitronensaft mischen. Äpfel waschen, schälen und halbieren, dabei die Kerngehäuse entfernen. Die Apfelhälften klein schneiden. Aprikosen- und Apfelstücke in einem Topf kurz aufkochen und bei schwacher Hitze 4 Minuten kochen.

2 Das Kompott mit Agavendicksaft abschmecken, abkühlen lassen.

3 Joghurt nach Geschmack mit Agavendicksaft süßen. Das Kompott und den Joghurt auf vier Desserttellern anrichten, mit Zimt bestäuben.

Gedünstete Apfelringe mit Minzsauce

2 große säuerliche Äpfel (z. B. Boskop)
Saft von 1 ½ Zitronen
2 EL Mandelstifte
2 EL Butter

1 Bund frische Pfefferminze (ersatzweise 1–2 EL Minzsirup)
3 EL Apfeldicksaft (Reformhaus)

Pro Portion:
110 kcal
1 g Eiweiß
4 g Fett
17 g Kohlenhydrate

Ihr Vitalstoff-Plus: Vitamin C, ballaststoffreich
Für 4 Personen
Zubereitungszeit: ca. 20 Min.

1 Die Äpfel waschen und schälen, mit einem Apfelausstecher die Kerngehäuse entfernen. Äpfel in ca. 1 cm dicke Ringe schneiden, diese mit 2 Esslöffel Zitronensaft beträufeln.

2 Die Butter in einer Pfanne zerlassen, die Mandelstifte darin leicht anbräunen. Die Apfelringe zugeben und bei schwacher Hitze unter Wenden 3 Minuten dünsten. Abkühlen lassen.

3 Die Minze abspülen, die Blättchen abzupfen und fein schneiden. Minzblätter im Mörser oder mit dem Pürierstab zu einer feinen Paste verarbeiten. Diese mit Apfeldicksaft und Zitronensaft glatt rühren.

4 Die Apfelringe mit den Mandelstiften auf vier Desserttellern anrichten, jeweils etwas Minzsauce darüber träufeln. Servieren Sie dieses aromatische Dessert mit je 1 Kugel Vanilleeis.

Apfel-Hafer-Küchlein

150 ml Milch
3 EL Apfeldicksaft (Reformhaus)
2 Eier (Größe M)
2 EL Vollkornhaferflocken
1 EL dunkles Weizenmehl (Type 1050)
2 säuerliche Äpfel (z. B. Boskop)
Saft von 1 Zitrone
je 1 EL Mandelblättchen und Butter

1 Die Milch mit Apfeldicksaft und den Eiern verquirlen. Haferflocken und Mehl unterrühren, den Teig 10 Minuten quellen lassen.
2 Inzwischen die Äpfel waschen und schälen, mit einem Apfelausstecher die Kerngehäuse entfernen. Die Äpfel in ca. 1 Zentimeter dicke Ringe schneiden und diese sofort mit Zitronensaft beträufeln. Die Mandelblättchen in einer Pfanne ohne Zugabe von Fett rösten, herausnehmen.
3 Die Butter in der Pfanne zerlassen, die Apfelringe nebeneinander hineinlegen. Den Teig über die Ringe gießen, stocken lassen.
4 Die Küchlein in vier Portionen teilen, wenden und fertig backen. Die Apfelküchlein mit Mandelblättchen bestreuen.

Pro Portion:
170 kcal
6 g Eiweiß
8 g Fett
18 g Kohlenhydrate

Ihr Vitalstoff-Plus: Vitamin E und C, Magnesium
Für 4 Personen
Zubereitungszeit: ca. 20 Min.

Vanillecreme mit Zimtfeigen

4–6 frische Feigen (ersatzweise 2 vollreife Birnen oder Äpfel)
1 unbehandelte Zitrone
300 ml Apfelsaft
1 Zimtstange
1 Vanilleschote
je 150 g Schlagsahne und Speisequark
3 EL Apfeldicksaft

1 Die Feigen abspülen und vierteln. Die Zitrone heiß abwaschen, eine Hälfte der Zitrone in Scheiben schneiden, diese mit dem Apfelsaft und der Zimtstange aufkochen. Die geviertelten Feigen hineingeben und im Sud erkalten lassen.
2 Die Vanilleschote längs aufschlitzen, das Mark herauskratzen. Vanilleschote und -mark mit der Sahne in einen Topf geben und kurz aufkochen, auskühlen lassen. Die Vanillesahne ca. 30 Minuten kalt stellen, dann mit dem Schneebesen aufschlagen und unter den Quark ziehen.
3 Die Zimtfeigen mit der Vanillecreme anrichten. Die zweite Zitronenhälfte auspressen, den Saft mit Apfeldicksaft glatt rühren und über das Dessert träufeln.

Pro Portion:
180 kcal
6 g Eiweiß
12 g Fett
12 g Kohlenhydrate

Ihr Vitalstoff-Plus: Vitamin K, Kalzium, Zink
Für 4 Personen
Zubereitungszeit: ca. 20 Min.
Kühlzeit: ca. 30 Minuten

Feine Desserts und kleine Naschereien

Sommerfrucht Quark-Obst-Törtchen (Foto)

Pro Stück:
300 kcal
8 g Eiweiß
11 g Fett
40 g Kohlenhydrate

Ihr Vitalstoff-Plus: Kalzium, Kalium, Vitamin E, Phosphor
Für 4 Personen
Zubereitungszeit: ca. 25 Min.
Backzeit: ca. 15–20 Min.

1 unbehandelte Zitrone
150 g Schmand (20% Fett)
90 ml Agavendicksaft
500 g frische Sommerfrüchte (z. B. Pflaumen, Weintrauben, Kirschen – ersatzweise TK-Ware)
150 g Magerquark
6 EL Magermilch
6 EL Sonnenblumenöl
300 g dunkles Weizenmehl (Type 1050)
2 TL Backpulver

1 Die Zitrone heiß abwaschen, von einer Hälfte die Schale fein abreiben. Schmand mit 2 Esslöffel Agavendicksaft und der Zitronenschale verrühren. Die Früchte abspülen und verlesen, entsteinen und nach Bedarf klein schneiden.

2 Magerquark mit Milch, Öl und dem restlichen Agavendicksaft verrühren. Mehl und Backpulver mischen, unterkneten.

3 Den Teig in 8 Portionen teilen. Diese auf einem mit Backpapier ausgelegten Backblech zu kleinen ca. 1 Zentimeter dicken Fladen ausrollen. Die Schmandcreme darauf verstreichen, darauf die vorbereiteten Früchte legen.

4 Die Törtchen bei 200 °C (Gas Stufe 3–4, Umluft 180 °C) 15 bis 20 Minuten backen.

Quark-Tiramisu mit frischen Früchten

Pro Portion:
300 kcal
17 g Eiweiß
11 g Fett
30 g Kohlenhydrate

Ihr Vitalstoff-Plus: Kalzium, Vitamin C, Kalium, Mangan
Für 4 Personen
Zubereitungszeit: ca. 25 Min.
Kühlzeit: ca. 45 Min.

400 g Magerquark
2–3 EL Mineralwasser
5–6 EL Apfeldicksaft (Reformhaus)
Saft von 1 Zitrone
125 g Schlagsahne
100 g Pumpernickel
3 EL geriebene Schokolade (mind. 70% Kakao – ersatzweise Kokosraspel)
400 g Himbeeren (frisch oder TK-Ware)

1 Den Quark mit dem Mineralwasser glatt rühren. Apfeldicksaft und Zitronensaft verrühren, den Quark damit abschmecken. Die Sahne steif schlagen und unter die Quarkmasse ziehen.

2 Pumpernickel fein zerbröseln, die Schokolade reiben. Pumpernickel mit Schokolade oder Kokosraspeln vermischen. Die Himbeeren verlesen, Tiefkühlware auftauen.

3 Eine Schicht Quarkcreme in eine kleine Auflaufform füllen, darauf die Pumpernickelbrösel und die Himbeeren verteilen. Die restliche Quarkcreme darüber streichen. Das Quark-Tiramisu vor dem Servieren kühlen.

Feine Desserts und kleine Naschereien

Schnelles Buttermilchgelee mit Sommerbeeren

10 Blatt Gelatine
500 g Buttermilch
Saft von 2 Zitronen

4 EL Agavendicksaft
250 g gemischte Sommerbeeren

Pro Portion:
130 kcal
11 g Eiweiß
1 g Fett
17 g Kohlenhydrate

Ihr Vitalstoff-Plus: Kalzium, Vitamin C und E
Für 4 Personen
Zubereitungszeit: ca. 15 Min.
Gelierzeit: ca. 2 Std.

1 Die Gelatine in wenig kaltem Wasser einweichen. Buttermilch, Zitronensaft und Agavendicksaft verrühren. Die Gelatine ausdrücken und bei milder Hitze in wenig Wasser auflösen. Aufgelöste Gelatine mit etwas Buttermilch verrühren. Die angerührte Gelatine mit dem Schneebesen des Handrührgerätes unter die restliche Buttermilch rühren, nicht mehr kochen!

2 Früchte verlesen und abspülen. Einige Beeren für die Garnitur zurückbehalten. Restliche Beeren unter die Geleemasse mischen. Diese in vier Portionsschälchen füllen.

3 Das Gelee zugedeckt im Kühlschrank fest werden lassen. Vor dem Servieren mit den zurückbehaltenen Beeren garnieren.

Zitronen-Apfel-Sorbet

6 große säuerliche Äpfel
3–4 EL Agavendicksaft
Saft von 2 Zitronen

1 Zimtstange
etwas frische Pfefferminze

Pro Portion:
170 kcal
1 g Eiweiß
1 g Fett
38 g Kohlenhydrate

Ihr Vitalstoff-Plus: ballaststoffreich, Vitamin C und E
Für 4 Personen
Zubereitungszeit: ca. 20 Min.
Gefrierzeit: ca. 3 Std.

1 Die Äpfel waschen, schälen und halbieren, dabei die Kerngehäuse entfernen. Die Apfelhälften grob schneiden. Apfelstücke mit Agavendicksaft, Zitronensaft und Zimtstange bei schwacher Hitze 5 Minuten dünsten.

2 Die Zimtstange herausnehmen. Die Minze abspülen, die Blättchen abzupfen, einige zurückbehalten. Die restliche Minze mit dem Kompott fein pürieren, abkühlen lassen.

3 Die Sorbetmasse in ein gefriergeeignetes Gefäß füllen und diese ca. 2 Stunden in der Tiefkühltruhe durchkühlen lassen. Die Masse nochmals mit dem Pürierstab durcharbeiten und für 1 Stunde zurück in das Gefriergerät stellen.

4 Das Sorbet vor dem Servieren nochmals durcharbeiten und in vier Dessertgläser verteilen, mit Minzeblättchen garnieren.

Obstsalat mit Walnuss-Knusper-Flocken

75 g Walnusskerne
50 g Macadamianusskerne
2 EL Vollkornhaferflocken
1 EL Leinsamen
2 Orangen
3 Kiwis

1 rosé Grapefruit
1 kleine Banane
2 säuerliche Äpfel
1 Birne
Saft von 1 Limette
2 EL Orangenlikör

Pro Portion:
400 kcal
7 g Eiweiß
23 g Fett
37 g Kohlenhydrate

Ihr Vitalstoff-Plus: Vitamin C, Biotin, Kalium, Magnesium
Für 4 Personen
Zubereitungszeit: ca. 20 Min.

1 Walnüsse und Macadamianüsse grob hacken, mit den Haferflocken und dem Leinsamen in einer Pfanne ohne Zugabe von Fett rösten, bis sie zu duften anfangen, herausnehmen und abkühlen lassen.

2 Die Früchte schälen, Äpfel und Birne waschen. Das Obst in mundgerechte Stücke schneiden. Limettensaft mit dem Orangenlikör verrühren und über das vorbereitete Obst träufeln.

3 Den Obstsalat in vier Dessertschälchen geben und die Knusperflocken darüber streuen. Das Dessert sofort genießen.

Feine Desserts und kleine Naschereien

Knuspertaler

100 g kernige Vollkornhaferflocken
100 g getrocknete Apfelringe
200 g dunkle Schokolade (mind. 70 % Kakao)

2 EL Calvados
1 Prise Zimtpulver
25 g gehackte Haselnüsse

1 Die Haferflocken in einer Pfanne ohne Zugabe von Fett rösten, bis sie zu duften anfangen, herausnehmen und abkühlen lassen.

2 Die Apfelringe sehr fein würfeln. Die Schokolade schmelzen, mit Calvados, Zimt und den gehackten Nüssen verrühren. Die Haferflocken und Apfelstücke unter die Schokoladenmasse rühren.

3 Die Masse mit Hilfe von zwei Teelöffeln zu ca. 30 kleinen Häufchen formen und diese auf ein mit Backpapier ausgelegtes Blech setzen. Die Knuspertaler trocknen lassen.

Tipp Wenn Kinder mitessen, ersetzen Sie den Calvados durch Apfelsaft.

Pro Stück:
60 kcal
1 g Eiweiß
3 g Fett
7 g Kohlenhydrate

Ihr Vitalstoff-Plus: Vitamin B_1, Zink, Magnesium
Für 4 Personen
Zubereitungszeit: ca. 15 Min.
Trocknungszeit: ca. 30 Min.

Aprikosen-Walnuss-Taler im Schokomantel

200 g getrocknete Aprikosen
100 g Walnusskerne

150 g dunkle Kuvertüre oder Schokolade (mind. 70 % Kakao)

1 Die Aprikosen pürieren. Die Hälfte der Nüsse fein hacken, die restlichen Nüsse fein mahlen. Alle Nüsse unter die Aprikosen mischen, die Mischung zu einer Masse kneten. Daraus ca. 40 kleine Taler formen.

2 Die Kuvertüre oder die Schokolade schmelzen und die Taler damit überziehen. Die Schokoladenglasur fest werden lassen.

Pro Stück:
50 Kilokalorien
1 g Eiweiß
3 g Fett
4 g Kohlenhydrate

Ihr Vitalstoff-Plus: Karotin, ungesättigte Fettsäuren
Für 4 Personen
Zubereitungszeit: ca. 20 Min.
Abkühlzeit: ca. 30 Min.

Schoko-Popcorn

100 g dunkle Schokolade (mind. 70% Kakao)

200 g ungesüßtes Popcorn (Fertigprodukt)

1 Die Schokolade über einem heißen Wasserbad schmelzen.

2 Das Popcorn portionsweise in die geschmolzene Schokolade geben.

3 Die Schoko-Popcorn-Masse auf Backpapier streichen und wieder fest werden lassen. Das abgekühlte und fest gewordene Schoko-Popcorn in Stücke brechen.

> Pro Portion:
> 310 kcal · 8 g Eiweiß
> 11 g Fett · 45 g Kohlenhydrate
>
> Ihr Vitalstoff-Plus: Niacin, Kalium, Magnesium, Vitamin E
> Für 4 Personen
> Zubereitungszeit: ca. 10 Min.
> Abkühlzeit: ca. 30 Min.

Kakao-Vanille-Mandeln

200 g abgezogene Mandelkerne
1 EL Kakao
1 Pck. Vanillezucker
½ Vanilleschote
100 g dunkle Schokolade (mind. 70% Kakao)

1 Mandeln in einer Pfanne ohne Fett rösten, herausnehmen. Kakao mit Vanillinzucker mischen. Vanilleschote längs aufschlitzen, das Mark herauskratzen. Die Schokolade schmelzen, Vanillemark und geröstete Mandeln unterrühren.

2 Die Masse auf ein Backpapier streichen und mit der Kakaomischung bestreuen, fest werden lassen. Die Kakao-Vanille-Mandeln in ca. 20 Stücke brechen.

> Pro Stück:
> 85 kcal · 2 g Eiweiß
> 7 g Fett · 3 g Kohlenhydrate
>
> Ihr Vitalstoff-Plus: Magnesium, Mangan, Vitamin E und B_2, Folsäure
> Für 4 Personen
> Zubereitungszeit: ca. 30 Min.

Chili-Curry-Nuts

200 g ungesalzene, ungeröstete Nüsse und Nusskerne (z.B. Cashewnüsse, Erdnüsse, abgezogene Mandeln)
1 TL Currypulver
1 TL grob geschroteter Chili

1 Die Nüsse und Kerne in einer Pfanne ohne Zugabe von Fett rösten, bis sie zu duften anfangen, herausnehmen.

2 Die Nüsse in zwei Portionen teilen. Eine Portion mit Currypulver, die andere mit Chili mischen, abkühlen lassen.

> Pro Portion:
> 280 kcal · 13 g Eiweiß
> 24 g Fett · 4 g Kohlenhydrate
>
> Ihr Vitalstoff-Plus: Vitamin E und B_1, ungesättigte Fettsäuren, Niacin, Folsäure
> Für 4 Personen
> Zubereitungszeit: ca. 10 Min.

Wie Sie die GLYX-Lebensmittel-Tabellen richtig lesen

In der Tabelle auf den folgenden Seiten finden Sie die wichtigsten Lebensmittel nach Produktgruppen geordnet. Jede Gruppe enthält drei Bewertungsstufen für den glykämischen Index der Lebensmittel nach dem so genannten Ampelprinzip (siehe Spalte rechte Seite).

Idealerweise sollten Sie Ihre Mahlzeiten überwiegend mit Lebensmitteln aus den niedrigen (grünen) und mittleren (gelben) Bereichen der GLYX-Tabelle kombinieren. Versuchen Sie Lebensmittel aus den roten Bereichen innerhalb der Lebensmittelgruppen durch Lebensmittel aus dem grünen Bereich auszutauschen. Für eine optimale Versorgung mit allen wichtigen Nährstoffen sollten dazu in Maßen fettarme Proteinlieferanten tierischer und pflanzlicher Herkunft, wie z.B. Fisch, Fleisch, Ei oder Hülsenfrüchte, verzehrt werden.

Beachten Sie bitte folgende Hinweise:
Fette und Öle sind in dieser Tabelle nicht aufgeführt, da sie keine Bewertung nach dem GLYX erhalten. Bevorzugen Sie pflanzliche Öle (natives Olivenöl, Raps-, Soja-, Maiskeim- oder für die kalte Küche Weizenkeim- oder Nussöl) in sparsamen Mengen.
Beim Gemüse gibt es keinen roten Bereich, eine Einschränkung für den Verzehr ist aus GLYX-Sicht daher nicht notwendig.

Auch bei frischem Obst gibt es keinen roten Bereich. Lediglich Ananas, Banane, Mango, Melone, Papaya und Trockenfrüchte weisen einen mittleren GLYX auf und sind deshalb sparsamer zu verwenden. Das gilt natürlich auch für alle gezuckerten Obstprodukte, wie z.B. Obstkonserven.
Tierische Lebensmittel mit einem hohen Proteinanteil (Fleisch, Fisch, Ei, Milchprodukte (in der Regel grüner Bereich, sofern sie fettarm sind) werden nicht mit einem glykämischen Index bewertet, da sie praktisch keine Kohlenhydrate enthalten und somit auch keine Veränderung auf den Blutzuckerspiegel bewirken.

Die große GLYX-Lebensmittel-Tabelle

Brot und Backwaren

- 🟢 Apfelmuffins
- 🟢 Bananenkuchen
- 🟢 Gerstenvollkornbrot, grobkörnig
- 🟢 Haferkleiebrot
- 🟢 Haferkleiekekse und ungezuckertes Hafergebäck
- 🟢 Knäckebrot, ballaststoffreich
- 🟢 Mehrkornvollkornbrot (Körner- und Saatenmischung)
- 🟢 Nusskuchen
- 🟢 Pumpernickel
- 🟢 Roggenvollkornbrot, grobkörnig
- 🟢 Sojabrot mit Leinsamen
- 🟢 Vollkornbrot mit Kürbiskernen
- 🟢 Vollkornbrot mit Leinsamen
- 🟢 Vollkornfrüchtebrot mit Trockenfrüchten
- 🟡 Bagels
- 🟡 Brot, glutenfrei
- 🟡 Butterkekse
- 🟡 Chapati (indisches Fladenbrot) aus Perlhirse, Mais oder Gerste
- 🟡 Gebäck, Cracker, Biskuits
- 🟡 Pitabrot
- 🟡 Pizza mit Käse und Tomaten
- 🟡 Reiskräcker
- 🟡 Tacoschalen
- 🟡 Vollkornbrot, fein geschrotet
- 🟡 Vollkornknäckebrot
- 🔴 Croissants
- 🔴 Französisches Baguette
- 🔴 Waffeln
- 🔴 Weißbrot / Brötchen

Frühstückscerealien und Getreideflocken

- 🟢 All-Bran-Frühstücks-Flakes (Kellogg's)
- 🟢 Frischkornbrei
- 🟢 Kleieflocken
- 🟢 Vollkornhaferflocken
- 🟢 Vollkornmüsli ohne Zucker
- 🟢 Weizenkeime
- 🟡 Fertigmüslis mit Zuckerzusatz
- 🟡 Instant-Haferflocken
- 🟡 Porridge
- 🔴 Cornflakes, Pops & Co.

Getreide, Teigwaren und Kartoffeln

- 🟢 Buchweizen
- 🟢 Bulgur
- 🟢 Gerstengraupen
- 🟢 Getreidekörner, ganz oder grob geschrotet
- 🟢 Glasnudeln aus Mungobohnen
- 🟢 Parboiled Reis
- 🟢 Spaghetti und andere Teigwaren aus Hartweizen (al dente gekocht)
- 🟢 Vollkornspaghetti
- 🟡 Basmatireis

Grün = niedriger GLYX: alle Lebensmittel, die grün unterlegt sind. **Hier sollten Sie reichlich zugreifen und sich oft satt essen.**

Gelb = mittlerer GLYX: alle Lebensmittel, die gelb unterlegt sind. **Lebensmittel aus dieser Gruppe sollten nicht an erster Stelle Ihrer Auswahl stehen.**

Rot = hoher GLYX: alle Lebensmittel, die rot unterlegt sind. **Genießen Sie diese Lebensmittel nur selten und kombinieren Sie sie möglichst nicht mit fettreichen Zutaten, sondern mit reichlich Lebensmitteln aus dem grünen Bereich.**

153

🟡	Couscous		🟢	Blattsalate
🟡	Gnocchi		🟢	Brokkoli
🟡	Hirse		🟢	Chicorée
🟡	Kartoffelbrei		🟢	Grüne Bohnen
🟡	Kartoffelchips		🟢	Gurken
🟡	Langkornreis		🟢	Kohlgemüse aller Art
🟡	Mais (Gemüsemais)		🟢	Möhren, roh
🟡	Neue Kartoffeln, gekocht		🟢	Paprika
🟡	Popcorn		🟢	Pilze
🟡	Süßkartoffeln, Yamswurzeln		🟢	Radieschen / Rettich
🟡	Vollkornreis		🟢	Sellerie
🟡	Wildreis		🟢	Sojasprossen
🔴	Instant-Reis		🟢	Spinat
🔴	Kartoffeln in der Mikrowelle		🟢	Tomaten
🔴	Kartoffeln, gebacken		🟢	Zucchini
🔴	Kartoffelpulver (Instantprodukt)		🟢	Zwiebeln
🔴	Maisstärke, gekocht		⚪🟡	Grüne Erbsen, frisch, TK- oder Dosenware
🔴	Pommes frites		⚪🟡	Kürbis
🔴	Weißer Reis, gekocht		⚪🟡	Möhren, gekocht

Hülsenfrüchte, Nüsse und Ölsaaten

			⚪🟡	Rote Bete
🟢⚪	Erdnüsse		⚪🟡	Zuckermais

Obst

🟢⚪	Hülsenfrüchte		🟢⚪	Äpfel
🟢	Kidneybohnen		🟢⚪	Aprikosen, frisch
🟢	Kürbiskerne		🟢⚪	Aprikosen, getrocknet
🟢⚪	Leinsamen		🟢⚪	Beeren
🟢⚪	Linsen		🟢⚪	Birnen
🟢⚪	Mandeln		🟢⚪	Grapefruits
🟢⚪	Sesamsaat		🟢⚪	Kirschen
🟢⚪	Sojabohnen		🟢⚪	Kiwis
🟢⚪	Sonnenblumenkerne		🟢⚪	Orangen
🟢⚪	Trockenerbsen		🟢⚪	Pfirsiche
🟢⚪	Walnüsse		🟢⚪	Pflaumen
🟢⚪	Weiße Bohnen		🟢⚪	Weintrauben

Gemüse

🟢⚪	Alfalfasprossen		⚪🟡	Ananas
🟢⚪	Auberginen		⚪🟡	Aprikosen, Dosenware

Die GLYX-Lebensmittel-Tabelle

- 🟡 Bananen
- 🟡 Mangos
- 🟡 Melonen
- 🟡 Papayas
- 🟡 Rosinen

Getränke
- ⚪ Mineralwasser
- ⚪ Tee und Kaffee ohne Zucker
- 🟢 Apfelsaft
- 🟢 Apfelsaftschorle
- 🟢 Buttermilch
- 🟢 Grapefruitsaft
- 🟢 Orangensaft
- 🟢 Sojadrink
- 🟢 Tomatensaft
- 🟢 Trinkmilch
- 🟡 Bier
- 🟡 Fruchtnektare
- 🟡 Fruchtsaftgetränke
- ⚪ Sportgetränke, z. B. isotonische Drinks
- 🟡 Wein
- 🔴 Colagetränke
- 🔴 Limonaden
- 🔴 Softdrinks

Zucker und Süßes
- 🟢 Agaven- und Apfeldicksaft
- 🟢 Bitterschokolade (mind. 70 % Kakaoanteil)
- 🟢 Fruktose (Fruchtzucker)
- 🟢 Laktose (Milchzucker)
- 🟡 Eiscreme
- 🟡 Haushaltszucker
- 🟡 Honig
- 🟡 Konfitüre, Marmelade
- 🟡 Müsliriegel
- 🟡 Schokolade
- 🔴 Maisstärke

- 🔴 Maltodextrin (Kohlenhydratkonzentrat)
- 🔴 Maltose (Malzzucker)
- 🔴 Traubenzucker

Milchprodukte
- 🟢 Dickmilch
- 🟢 Joghurt
- 🟢 Käse
- 🟢 Kefir
- 🟢 Milch
- 🟢 Quark
- 🟢 Trinkschokolade
- 🟢 Yakult (probiotisches Milchgetränk)
- 🟡 Eiscreme
- ⚪ Milchprodukte mit viel Zuckerzusatz
- 🔴 kommt bei Milchprodukten nicht vor

Literaturnachweis

Biesalski, H. K.: Vitamine. Beck, Stuttgart 1996

Biesalski, H. K. et al. (Hrsg.): Ernährungsmedizin. Thieme, Stuttgart 1999

Biesalski, H. K. / Grimm, P. / Nowitzki-Grimm, S.: Taschenatlas der Ernährung. Thieme, Stuttgart 2002

Brand-Miller, J. et al.: New glucose revolution. Marlowe & Company, New York 1999

Grillparzer, M.: GLYX-Diät Abnehmen mit Glücks-Gefühl. Gräfe und Unzer, München 2003

Hamm, M.: Schlank und gesund ohne Diät. Mosaik, München 1997

Hamm, M.: Fit und schlank mit dem GLYX. Droemer Knaur, München 2001

Kasper, H. / Wild, M.: Ernährungsmedizin und Diätetik. Urban & Fischer, München 1996

Leitzmann, C. / Hahn, A.: Vegetarische Ernährung. Trias, Stuttgart 1996

Müller, S.-D. / Raschke, K.: Das Kalorien-Nährwert-Lexikon. Schlütersche, Hannover 2003

Unger-Göbel, U.: GU Kompass Vitamine. Gräfe und Unzer, München 1994

Hopfenzitz, P.: GU Kompass Mineralstoffe. Gräfe und Unzer, München 1996

Sachregister

4-Wochen-GLYX-Diät 10, 18 ff.
Ausdauersportler 14
Ballaststoffe 11
Belohnung 23
Blutzuckeranstieg 9 ff., 12 f.
Diabetes Typ 2 7, 11
Ernährungsumstellung 14
Fettabbau 9
Fettspeicherung 9
Freizeitgestaltung 21
GLYX (glykämischer Index) 9 ff., 12 ff., 15 f., 152 ff.
GLYX-Berechnung 12 f.
GLYX-Lebensmittel-Tabelle 153 ff.
GLYX-Prinzip 10 ff.
GLYX-Werte 11 f., 152 ff.
Heißhungerattacken 13
Hungergefühl 9
Hyperinsulinismus 11
Insulin 9 ff.
Insulinresistenz 11, 13
Kantine 17
Kohlenhydrate 9 f., 14 f.
Proteine 11
Restaurant 17
Rezeptoren 11
Sättigungsgefühl 9
Schokolade 17
Sport 20
Stärkearten 12
Stoffwechselerkrankungen 13
Stress 13
Übergewicht 13 ff.

Rezeptregister

Frühstücksideen für Morgenmuffel & Frühstarter

Apfelfrischkäse mit Knusperflocken 26
Basilikum-Tomaten-Brötchen 28
Beerenquark mit Sanddorn 25
Frischkornmüsli mit süßen Früchtchen 27
Frühstücksvariationen mit Käse 27
Gemüse-Kräuter-Rührei auf Vollkornbrot 29
Herzhaftes Schinkenfrühstück 29
Mandel-Frucht-Müsli 26
Obstsalat mit Zimt-Joghurt-Creme 25
Vollkornsandwiches mit Gurke 28

Snacks & Fingerfood für zwischendurch

Apfel-Hafer-Pancakes mit Quarkcreme 34
Birnenschiffchen mit Edelpilzkäse 35
Feigen mit Schafskäse 35
Geflügel-Saté mit Gurkensnack 31
Gemüse-Reispapierröllchen mit Ingwer-Dip 32
Hafer-Wraps mit Tomaten-Mozzarella-Füllung 34
Lachs-Gurken-Sandwiches 33
Marinierter Hähnchenbrustsalat 31
Sandwiches mit Curry-Putenbrust-Füllung 32
Tomaten-Thunfisch-Häppchen 33

Drinks – die schnellen Energiespender

Aprikosen-Grapefruit-Breezer 37
Buttermilch-Sesam-Smoothie 40
Energie-Plus-Drink 38
Gemüse-Fitness-Cocktail 41
Heißer Mandel-Vanille-Shake 39
Kefir-Refresher 40
Kirsch-Joghurt-Drink 40
Kirsch-Sanddorn-Shake 39
Möhren-Mandarinen-Drink 37
Multivitamin-Morning-Starter 38
Orangen-Heidelbeer-Lassi 38
Pfefferminz-Pfirsich-Smoothie 37
Pikanter Avocado-Creamer 41
Spicy hot chocolate 39
Tomaten-Booster 41

Salate – die gesunden Sattmacher

Artischocken-Löwenzahn-Salat 46
Blumenkohlsalat mit Senf-Kapern-Dressing 53
Blutorangen-Chicorée-Salat 48
Bohnensalat mit Pinienkernen 53
Bohnensalat mit Schafskäse 50
Bohnen-Thunfisch-Salat 46
Bunter Pfifferlingssalat 43
Chinesischer Glasnudelsalat 44
Friséesalat mit Harzer Käse 50
Italienischer Kartoffelsalat mit Scampi 45
Krautsalat mit Kasseler 51
Möhrensalat mit Mandelpesto 48
Radicchio-Orangen-Salat 47
Rucola-Champignon-Salat 43
Reissalat mit Garnelen 44
Spargelsalat mit Räucherlachs 45
Spinatsalat mit Omelettstreifen 52
Weizensalat mit Ziegengouda 51

Vorspeisen – mal raffiniert, mal herzhaft

Austernpilze auf Apfel-Schalotten-Kompott 55
Forellenfilet auf Orangen 56
Geschmorter Fenchel auf Grapefruit 58
Gratinierter Brokkoli mit Kumquats 58
Griechischer Gurkenteller 59
Grüner Spargel mit geräucherter Putenbrust 57
Kapern-Bruschetta 59
Mozzarella auf marinierten Zwetschgen 55
Scampi in Sherrymarinade 56

Suppen – frischer Geschmack zum Auslöffeln

Arabischer Kichererbseneintopf mit Entenfleisch 72
Auberginencremesuppe mit weißen Bohnen und Thymian 64
Brokkolicreme mit geröstetem Sesam und Lachsstreifen 68
Bunter Gemüseeintopf mit roten Linsen 71
Chinakohlsuppe mit Glasnudeln 61

Rezeptregister

Fencheleintopf mit Hähnchen 66
Geflügel-Kokos-Suppe 62
Griechischer Weißkohleintopf mit Fleischklößchen 63
Grüne Minestrone mit knusprigen Speckstreifen 63
Herzhafter Paprika-Sauerkraut-Eintopf 65
Indisches Lammcurry 72
Kalte Gurken-Joghurt-Suppe 70
Kohlrabieintopf mit Fleischklößchen 68
Lauchcremesuppe mit Kichererbsen und Parmesan 64
Leichter Linseneintopf 74
Mangold-Linsen-Eintopf 70
Pikante Apfel-Zwiebel-Suppe 77
Rote-Bete-Suppe mit Pumpernickel-Zitronen-Croûtons 69
Sauer-scharfe Asia-Gemüse-Suppe 62
Schnelle Tomatensuppe mit Petersilienpesto 76
Schneller Tomaten-Bohnen-Eintopf 71
Sommerliche Gurkenkaltschale 77
Spargelcreme mit gerösteten Haselnussblättchen 75
Thai-Gemüse-Suppe 61
Tomaten-Paprika-Suppe mit Chili 76
Wärmender Hühnereintopf mit Gartengemüse 66
Würzige Spinatsuppe mit Gorgonzola und Pinienkernen 74

Fisch – leicht, edel & unkompliziert
Fischfilet mit pikanter Sauerkrautkruste 82
Fischfilet mit Tomaten-Orangen-Salsa 80
Fisch-Gemüse-Curry mit Kokos 83
Fischpfanne mit Tomaten und Brokkoli 86
Fischpfanne mit Wokgemüse 89
Fischragout in Kräutersauce 81
Garnelen mit Paprikagemüse 88
Garnelen-Gemüse-Spieße mit scharfem Limetten-Dip 84
Gedämpftes Lachsfilet auf Zitronenspinat 81
Gemüse-Lachs-Auflauf 87
Kräuterforellen aus dem Backofen 87
Kräuter-Rotbarsch aus der Folie 82
Lachsfilet mit Kräuter-Zitronen-Kruste 79
Marinierte Lachsspieße auf Ingwer-Chili-Spinat 84
Schollenfilet in Orangen-Schalotten-Sauce 80
Seelachs mit Tomaten-Parmesan-Kruste 79
Thunfisch mit Tomaten-Dip und Gurkensalat 86
Zanderfilet auf Champignon-Lauch-Gemüse 88

Fleisch & Geflügel – von zart bis deftig
Beef Curry mit Kurkumareis 92
Bunte Chinapfanne 101
Chicken Wings auf Sprossensalat 107
Chicken-Hamburger 99
Entenbrust auf Pfifferling-Wirsing-Gemüse 100
Gefüllte Hähnchenfilets 105
Greyerzer Schnitzelpfanne 101
Hackfleischbällchen mit Schmorgurken 102
Hähnchenfilet mit Käsehaube 98
Hähnchen-Sesam-Gemüse 105
Indisches Kokoshähnchen 104
Kräuterfrikadellen auf Radieschen-Kartoffel-Salat 102
Kräuterrouladen in Gemüsesauce 99
Lammfilet mit Tomaten-Bohnen 94
Lammspieße auf Joghurt-Zitronen-Sauce 94
Medaillons in Steinpilz-Petersilien-Sauce 96
Orientalische Hähnchenkeulen auf Aprikosenreis 104
Parmesanschnitzel auf Couscous 96
Provenzalisches Kräutergulasch 91
Putenragout mit Champignons 106
Putenspieße auf Chinakohlsalat 106
Rehmedaillons auf Rotkohlsalat 95
Riesling-Hähnchen auf Spitzkohlgemüse 98
Rinderfilet aus dem Wok 93
Saltimbocca mit Blattspinat 93
Würziges Kohlgulasch 91

Blitzschnelle Pasta-Rezepte & die besten Saucen
Auberginen-Nudel-Auflauf 112

Rezeptregister

Champignon-Kräuter-Sauce mit Filet 115
Fenchel-Tomaten-Sauce mit würziger Salami 117
Gebratene Nudeln aus dem Wok 111
Gebratener grüner Spargel mit Mozzarella und Tagliatelle 109
Gemüse-Champignon-Spaghetti 109
Hähnchen-Salbei-Sauce 115
Knoblauch-Walnuss-Sauce mit Zucchini 118
Nudeln mit Salbei und Geflügelleber 113
Nudel-Omelett mit Paprika-Frischkäse-Gemüse 113
Nudelpfanne mit Pfifferlingen 111
Pikante Tomatensauce mit Kapern und Oliven 116
Rucola-Parmesan-Sauce 116
Sellerie-Schafskäse-Sauce 118
Steinpilz-Schinken-Sauce 117
Tagliatelle mit Steinpilz-Tatar und Brokkoligemüse 110
Tomatennudeln mit Käsekruste 112
Tomaten-Thunfisch-Sauce 119
Zucchini-Zitronen-Sauce mit Scampi 119

Vegetarisches für Feinschmecker

Auberginen-Brot-Auflauf 130
Bohnen-Chili 130
Bohnen-Nudel-Topf mit Petersilienpesto 132
Bratäpfel auf Möhrenrohkost 139
Buchweizenpfannkuchen mit Blaubeerkompott 138
Bulgurauflauf mit Auberginen 123
Chinatopf mit Glasnudeln 122
Fenchel auf Aprikosenreis 135
Gebratener Fenchel auf Tomatenreis 129
Gebratenes Gemüse mit Kapern-Dip 124
Gefüllte Tomaten auf Mangold 128
Gefüllte Zwiebeln 136
Gemüsecurry auf Erdnussreis 121
Geschmorte Tomaten mit Ziegenkäse 135
Gratinierte Pilzpfannkuchen 129
Mandel-Reis-Taler auf Blattspinat 121
Pfannkuchen mit Backäpfeln 139
Pochierte Eier auf Zucchinipüree 137
Polenta mit Fenchel-Tomaten-Ragout 126
Quinoa mit Paprikagemüse 126
Rote Bete auf Endiviensalat 131
Sellerieplätzchen mit Orangen-Feldsalat 137
Spitzkohlpfanne mit roten Linsen 132
Steinpilz-Petersilien-Pfanne 136
Tofupfanne mit Cashewreis 122
Tomaten mit Mozzarella 124
Überbackene Zucchini 125
Wirsingröllchen in Tomatensauce 134
Zucchinigratin mit Grünkern 123

Feine Desserts und kleine Naschereien

Apfel-Hafer-Küchlein 145
Aprikosen-Apfel-Kompott mit Zimtjoghurt 144
Aprikosen-Walnuss-Taler im Schokomantel 150
Chili-Curry-Nuts 151
Frozen Joghurt mit Vanille-Pfirsichen 142
Gedünstete Apfelringe mit Minzsauce 144
Kakao-Vanille-Mandeln 151
Knuspertaler 150
Kokos-Couscous mit Himbeeren und Crème fraîche 141
Kokoscreme an frischen Beeren 141
Kokos-Kirsch-Joghurtspeise 142
Obstsalat mit Walnuss-Knusper-Flocken 149
Quark-Tiramisu mit frischen Früchten 146
Sanddorn-Frucht-Sorbet 143
Schnelles Buttermilchgelee mit Sommerbeeren 148
Schoko-Popcorn 151
Sommerfrucht Quark-Obst-Törtchen 146
Vanillecreme mit Zimtfeigen 145
Zitronen-Apfel-Sorbet 148

Impressum

Wichtiger Hinweis

Die im Buch veröffentlichten Ratschläge wurden mit größter Sorgfalt von Verfassern und Verlag erarbeitet und geprüft. Eine Garantie kann jedoch nicht übernommen werden. Ebenso ist eine Haftung der Verfasser bzw. des Verlages und seiner Beauftragten für Personen-, Sach- oder Vermögensschäden ausgeschlossen.

Bitte besuchen Sie uns im Internet:
www.knaur.de

Weitere Titel aus den Bereichen Gesundheit, Fitness und Wellness finden Sie im Internet unter
www.wohl-fit.de.

Die Autorin

Susanne Raht ging nach dem Studium der Oecotrophologie in den Journalismus und leitete viele Jahre das Ernährungsresort der Wellness- und Gesundheitszeitschrift VITAL. Heute arbeitet sie als freie Food-Fachjournalistin und Ernährungsexpertin für verschiedene Redaktionen und Versuchsküchen bekannter Frauenzeitschriften.

Bibliografische Information

Die Deutsche Bibliothek
Die Deutsche Bibliothek verzeichnet diese Publikation in der Deutschen Nationalbibliografie; detaillierte bibliografische Daten sind im Internet über http://dnb.ddb.de abrufbar.

© 2004 Knaur Ratgeber Verlage.
Ein Unternehmen der Droemerschen Verlagsanstalt Th. Knaur Nachf. GmbH & Co. KG, München.
Alle Rechte vorbehalten

Das Werk einschließlich aller seiner Teile ist urheberrechtlich geschützt. Jede Verwertung außerhalb des Urhebergesetzes ist ohne Zustimmung des Verlages unzulässig und strafbar. Das gilt insbesondere für Vervielfältigungen, Übersetzungen, Mikroverfilmungen und die Einspeicherung und Verarbeitung in elektronischen Systemen. Bei der Anwendung in Beratungsgesprächen, im Unterricht und in Kursen ist auf dieses Buch hinzuweisen.

Projektleitung: Kathrin Gritschneder
Redaktion: Redaktionsbüro Yvonne Georgi, Langenau
Korrektorat: Damla Özbay
Bildredaktion: Sylvie Busche (Ltg.), Margit Schulzke
Umschlagfotos: Mauritius, Brigitte Sporrer
Fotos: Mauritius/Stock Image S. 8/Benelux Press S. 13/Grasser S. 15/Caroline S.18; StockFood/Maximilian Stock LTD S. 14.
Rezeptfotos: Brigitte Sporrer und Alena Hrbkova
Foodstyling: Marek Všetečka (Tischwäsche von Designer's Guild)
Umschlaggestaltung: ZERO, München

Satz: Uhl + Massopust, Aalen
Herstellung: Dagmar Guhl
Reproduktion: Premedia, Wels (Österreich)
Druck und Bindung: Uhl, Radolfzell am Bodensee
Printed in Germany

ISBN 3-426-66914-5

Das Fitnessbuch zum GLYX:

Prof. Dr. Michael Hamm
ISBN 3-426-66942-0
160 Seiten, 14,90 €